全国职业教育"十三五"规划教材

民航服务礼仪（修订版）

主 编 王 莹 杜旭旭

北京交通大学出版社
·北京·

内 容 简 介

本书由多年从事一线民航服务工作、服务管理培训工作的"双师技能"型教师编写，内容包括：礼仪概述，民航服务礼仪概述，民航服务人员仪容、仪表及仪态标准，民航乘务员客舱服务礼仪，民航地面服务人员服务礼仪及职场礼仪。

本书内容与学生就业岗位紧密相连，在教学上侧重于让学生全面掌握各种不同的服务情境及岗位要求，熟悉职场基本礼仪，为学生就业后的持续长久职业生涯打下基础。

本书适用于民用航空相关专业的服务礼仪教学，也可以作为对民航服务礼仪感兴趣的读者提升自我的参考书。

图书在版编目 (CIP) 数据

民航服务礼仪 / 王莹，杜旭旭主编．—北京：北京交通大学出版社，2018.8（2020.8 修订）

ISBN 978-7-5121-3657-1

Ⅰ．① 民…　Ⅱ．① 王…　② 杜…　Ⅲ．① 民用航空 – 乘务人员 – 礼仪 – 高等职业教育 – 教材　Ⅳ．① F560.9

中国版本图书馆 CIP 数据核字（2018）第 173811 号

民航服务礼仪
MINHANG FUWU LIYI

策划编辑：陈跃琴
责任编辑：陈跃琴
出版发行：北京交通大学出版社　　　　　　电话：010-51686414　　http://www.bjtup.com.cn
地　　址：北京市海淀区高梁桥斜街 44 号　　邮编：100044
印 刷 者：北京时代华都印刷有限公司
经　　销：全国新华书店
开　　本：185 mm × 260 mm　　印张：9　　字数：225 千字
版 印 次：2020 年 8 月第 1 版第 1 次修订　　2020 年 8 月第 2 次印刷
印　　数：3 001~5 500 册　　定价：39.80 元

本书如有质量问题，请向北京交通大学出版社质监组反映。对您的意见和批评，我们表示欢迎和感谢。
投诉电话：010-51686043，51686008；传真：010-62225406；E-mail：press@bjtu.edu.cn。

本书编委会

主　　编：王　莹　　杜旭旭

副主编：王轶男　　刘　颂

参　　编：张　枭　　谢　蓉　　李凯旋　　储　潇

　　　　　王蕴杰　　杨奉凯　　兰艳涛　　郭海涛

主　　审：戴晋权

前 言
PREFACE

随着中国经济持续稳定的发展，我国交通运输体系建设愈发完善，民航、城市轨道交通及高速铁路建设都取得了举世瞩目的成就，特别是2017年年初，习近平总书记亲临北京新机场考察，将民航战略地位提到新的高度。

党的十九大报告指出，我国社会的主要矛盾已经转化为人民日益增长的美好生活需要和不平衡不充分的发展之间的矛盾。随着人民生活从更加殷实到更为宽裕，再到基本实现共同富裕，人民群众对民航服务种类、服务范围、服务能力和服务水平的要求也越来越高。很多民航企业因此越来越重视高品质的服务，在招募一线工作人员时，倾向于聘用那些能为客户体验带来良好感受的人。作为向民航企业输送服务人才的职业教育工作者，深感责任重大。培养出符合民航企业用人需求的服务型人才，帮助我们的学生获得从事服务工作的幸福感和价值感，是我们编著此书的初心。

懂礼仪、用礼仪是提升服务品质的法宝。礼仪在服务中最基本的作用，不仅是给客户提供标准化、规范化的服务，而且还要带给客户良好的、温暖的服务感受，使礼仪不再是生硬的标准，而是真正可以渗透到服务细节和客户内心的服务技巧。

本书由多年从事一线民航服务工作、服务管理培训工作的"双师技能"型教师编写。此书的出版，是这些职业教育工作者对自己多年工作经验的总结，期望能为我们的学生开启职业生涯的第一扇门。由于作者水平有限，本书的内容未尽完美，倘有纰漏之处，欢迎各位读者指正。

在编写这本书的过程中，得到了有关专家、同行热情的帮助和支持。他们当中有航空公司资深乘务培训教员、安检培训教员、民航企业人力招聘官、出版社专家，在此感谢大家的帮助。

本书内容与学生就业岗位紧密相连，在教学上侧重于让学生能全面掌握不同的服务情境及岗位要求，熟悉就业岗位礼仪，为学生们就业后持续长久的职业生涯打下基础。同时，也为那些就业于非民航岗位的学生提供关于面试礼仪的一些信息。

最后，预祝我们的学生能从此书受益，倘若能为我们的学生带来美好的学习感受，助力他们顺利应聘心仪用人单位，则是对我们最大的鼓励。

作者

2018 年 5 月 10 日星期四

目　录

CONTENTS

第 1 章　礼仪概述 ………………………………………………… 1

1.1　礼仪的传承与发展 ……………………………………… 1
1.2　东西方礼仪的差异 ……………………………………… 10

第 2 章　民航服务礼仪概述 …………………………………… 13

2.1　民航服务礼仪的基本概念、作用和原则 ………………… 13
2.2　民航服务人员的礼仪素养要求 ………………………… 17

第 3 章　民航服务人员仪容、仪表及仪态标准 ………………… 21

3.1　民航服务人员仪容标准 ………………………………… 21
3.2　民航服务人员仪表标准 ………………………………… 26
3.3　民航服务人员仪态标准 ………………………………… 33

第 4 章　民航乘务员客舱服务礼仪 …………………………… 56

4.1　起飞前客舱服务礼仪 …………………………………… 56

4.2　客舱迎送礼仪　…………………………………………… 62

4.3　机上餐饮服务礼仪　……………………………………… 67

第5章　民航地面服务人员服务礼仪 ………………………………87

5.1　候机楼服务礼仪　………………………………………… 87

5.2　地面服务用语　…………………………………………… 108

第6章　职场礼仪 ……………………………………………………114

6.1　求职面试礼仪　…………………………………………… 115

6.2　办公室礼仪　……………………………………………… 129

第1章

礼仪概述

1.1 礼仪的传承与发展

礼仪在日常生活中经常用到，但是很多人说不清究竟什么是礼仪，现代生活中需要什么样的礼仪。要掌握礼仪的基本内涵，就要了解礼仪的起源。通过本节的学习，希望达成以下教学目标。

【知识目标】

1. 了解礼仪的起源与发展。
2. 熟记礼仪的概念。
3. 掌握现代礼仪的作用。

【能力目标】

1. 能正确说出礼仪的起源与发展历程。
2. 能根据现代礼仪的原则指导自己的日常行为。

礼仪是在社会长期发展过程中形成的，是人们在社会交往活动中应遵守的行为规范与准则，是礼节、礼貌、仪表、仪式等的总称。礼仪有丰富而复杂的内涵。在我国古代，"礼"和"仪"是两个不同的概念。我们现在常说的礼仪是指现代礼仪，是现代人在社会交往中共同遵守的行为准则和规范。

■ 学习笔记 ■

1.1.1　礼仪的起源与发展

我国古代，"礼仪"所涉及的范围十分广泛，渗透于社会生活的各个方面。从社会到家庭，从宫廷到民间，人们在日常生活中的言谈话语、行为举止、衣食住行、待人接物、人际关系，等等，无一不遵循"礼仪"的规定。古人视"礼仪"为大事，认为通过"礼仪"的约束和规范作用，可以使社会更加有秩序，进而促进社会的稳定，建立和睦的人际关系。因此，古人把礼仪奉为一种道德标准和行为规范，并世代相袭，共同遵守。

与此同时，统治者也利用"礼仪"来维护自己的特权和地位，所以"礼仪"又包含了尊卑、贵贱的等级观念，并在此基础上形成一套制度。在历朝历代统治者的极力推崇和宣扬之下，全社会各个阶层的人们实际是被强制地束缚在礼仪制度之中，无时无处不受它的制约。不过，这也推动礼仪制度的社会化，使社会生活与之紧密联系在一起，并成为社会生活中不可缺少的内容，由此逐步形成了中国古代社会尊礼、守礼、重礼、行礼的风气，因此，礼仪也成为中国古代社会的风尚。《礼记》记载了"经礼三百，曲礼三千"（经礼指大的礼，曲礼指小的礼），可见礼的种类繁多。

礼仪究竟何时因何而起？人们做过种种探讨，归纳起来大体有五种礼仪起源说：一是天神创制礼仪；二是礼为天地人的统一体；三是礼产生于人的自然本性；四是礼为人性和环境矛盾的产物；五是礼生于理，起于俗。

1. 礼仪的起源

早在原始社会，礼仪的萌芽从四个方面表现出来。

① 对于神的崇拜　原始社会，人们开始在祭祀仪式中使用豪华的用具，以此表达他们对神和祖先的崇拜。这个仪式是礼仪的种子。

② 有关家庭成员间的行为准则　原始社会对家庭成员之间的行

为准则已有了明确的要求，礼仪规范已开始规范家庭成员的行为。

③ **人与人相互间的沟通与联系**　在日常生活中，人们不自觉地使用拥抱、掌声、鞠躬、作揖表达喜悦的心情，并把它作为礼貌待人的方式。正是这种相互间的沟通、模仿，逐步形成了一种习俗，这也是礼仪的来源之一。图1-1是两人相见作揖问候的画面。

图1-1

■ **学习笔记** ■

④ **体现阶级差别的需要**　随着社会的发展，社会分工越来越细，于是便有了等级之分。伴随等级而形成的仪式等内容便是礼仪的来源之一。

2. 礼仪的形成与发展

礼仪的正式形成，始于奴隶社会。由于社会生产力的发展，原始社会逐步解体，人类进入了奴隶社会，这时的礼也就被打上了阶级的烙印。为了维护奴隶主的统治，奴隶主将原始的宗教礼仪发展为符合奴隶社会政治需要的礼制，并专门制定了一整套礼的形式和制度。

礼仪在封建社会进入一个发展、变革的时期。在这一时期，礼仪的明显特征就是将人们的行为纳入了封建道德的轨道，形成了以儒家学说为主导的、正统的封建礼教。奴隶社会的尊君观念在这一时期被演绎为"君权神授说"的完整体系，并具体化为"三纲五常"，如图1-2所示。

西汉的董仲舒提出了"天人感应之说",认为皇帝受命于天,"天不变,道亦不变"。并把这种道具体分为"三纲五常"。

图1-2

■ 学习笔记 ■

按照儒家学派的说法,天地万物皆由阴阳合成,"阳"应当总是处于主导地位,而"阴"则总是处于服从地位。君、父、夫是"阳",臣、子、妻是"阴","阴"要永远服从于"阳",所以必须"君为臣纲""父为子纲""夫为妻纲"。"五常"即仁、义、礼、智、信,是五种封建伦理道德的准则。封建礼仪中的"君权神授"神化了帝王的权力,而"三纲五常"则妨碍了人的个性的自由发展,阻挠了人的平等交往。礼仪在这一时期成为束缚人们思想自由的精神枷锁。

宋代将封建礼仪推向了一个新的高峰,出现了以程颢和朱熹的理学为代表的"程朱理学"。这种理论认为,自然界的天地万物无不体现天理,而人性的本质就是天理的体现。"家礼"的兴盛是宋代礼仪的又一特点,道德和行为规范是这一时期封建礼仪强调的中心,"三从四德"成为这一时期妇女的道德礼仪标准。"三从"即在家从父、出嫁从夫、夫死从子;"四德"指"妇德"(一切言行要符合忠、孝、节、义)、"妇言"(说话要小心谨慎)、"妇容"(打扮整齐、美观)、"妇功"(要把侍奉公婆和丈夫当作最重要的事情来做)。按照当时封建统治者的设想,只要人人在家尽"孝",为社会尽"忠",每个妇女对丈夫尽"节",那么封建社会各阶级就会"和谐相处",封建统治就会长治久安。

明、清二朝延续了宋代以来的封建礼仪,并有所发展,家庭礼制更加严明,将人的行为限制到"非礼勿视,非礼勿听,非礼勿言,非礼勿动"的范畴,从而使封建礼仪更加完善。

1.1.2 礼仪的含义

1. "礼仪"释义

礼仪是一个复合词,由"礼"和"仪"两部分组成。在我国古代,"礼"和"仪"是两个不同的概念。

1）"礼"的含义

"礼"，在我国古代有多重含义：

① 礼是最高的自然法则，是自然的总秩序、总规律；

② 礼是中国文化之总名，与政治、法律、宗教、哲学、文学、艺术等结为一体，是中国文化的根本特征与标志；

③ 礼是"法度之通名"，是全面规定社会生活各个方面的基本制度，是国之"大经大法"，是"君之大柄""王之大经"，是"经国家，定社稷，序民人，利后嗣"的重要工具。

2）"仪"的含义

"仪"按《辞源》解释有两层含义：

① "仪"指容貌举止，如《诗经·大雅》中有"令仪令色，小心翼翼"；

② "仪"指法度、标准。《国语·周》中有"度之於轨仪"，这里的"仪"是量器中的标准；《淮南子·修务》中有"设仪立度，可以不法则"，这里的"仪"是指治理国家的法度。

由此可见，我国古代的"礼仪"一词与现代礼仪的含义迥然不同。随着人类文明的发展，特别是受西方现代文明的影响，"礼仪"逐渐演变为现代社会人际交往中我们应该遵守的行为规范和准则。

3）国外"礼仪"的含义

英语"etiquette"（礼仪）一词源于法语，即"法庭上的通行证"，表示持证者进入法庭必须遵守相应的规矩和准则。后来该词被英语吸收，词义有所变化，"礼仪"延伸成"人际交往的通行证"。随着社会生活的发展，"礼仪"一词逐渐专指礼节、礼貌和行为规范。

2.礼仪的内涵

1）礼仪的定义

从广义上讲，礼仪是人们在社会交往活动中形成的行为规范与准则，是礼节、礼貌、仪表、仪式等的总称，涉及社会、道德、习俗、宗教等方面，是个人或社会整体文明道德修养程度的一种外在表现形式。礼仪是人们在人际交往中以一定的约定俗成的程序、方式表现的律己、敬人的过程，涉及穿着、交往、沟通、情商等各个方面的内容，而不是随意制定的。

从狭义上讲，礼仪指的是国家、政府机构、人民团体、企业机构在某一种正式活动和一定环境中采取的行为、语言等规范；是在较大或较

■ 学习笔记 ■

隆重的正式场合，为表示对接待对象的尊重所举行的合乎社交规范和道德规范的仪式；是社会交往中在礼遇规格、礼宾次序等方面应遵循的礼貌、礼节要求，一般通过集体的规范仪式和程序行为来表示。

2）礼仪的构成要素

从内容上来看，礼仪是由主体、客体、媒体、环境四项基本要素所构成的。

① 礼仪的主体　指的是礼仪活动的组织和实施者。当礼仪活动规模较小、礼仪规范较为简单时，其主体通常是个人。当礼仪活动规模较大、礼仪活动规范较为复杂时，其主体通常是组织。没有礼仪主体，礼仪活动就不可能进行，礼仪也就无从谈起。

② 礼仪的客体　指的是礼仪活动的对象，即礼仪活动的指向者和承受者。它可以是人，也可以是物；可以是物质的，也可以是精神的；可以是具体的，也可以是抽象的；可以是有形的，也可以是无形的。礼仪的客体与礼仪的主体二者之间既对立又依存，而且在一定条件下可相互转化。

③ 礼仪的媒体　指的是礼仪活动所依托的媒介。它实际上是礼仪内容与礼仪形式的统一。任何礼仪都必须具有礼仪媒体，没有媒体的礼仪是不可能存在的。礼仪的媒体由人体礼仪媒体、物体礼仪媒体、事体礼仪媒体等构成，在具体实施礼仪时，这些不同的礼仪媒体往往是交叉、配合使用的。

④ 礼仪的环境　指的是礼仪活动得以进行的、特定的时空条件。大体来说，它可以分为礼仪的自然环境与礼仪的社会环境。礼仪的环境，经常制约着礼仪的实施。

3）礼仪在其他方面的解释

从不同的角度，我们还可以对礼仪做出多种不同的解释：

① 从个人修养上来讲，礼仪是个人素质的外在表现，也就是说礼仪体现了一个人的内在修养，即教养；

② 从道德上来讲，礼仪可以被界定为做人、做事两方面的行为规范或行为准则；

③ 从交际上来讲，礼仪是人际交往中的一种行为艺术；

④ 从民俗上来讲，礼仪既可以说是在人际交往中必须遵守的律己、敬人的习惯形式，也可以说是在人际交往中约定俗成的表示尊重、友好的习惯做法；

⑤ 从传播上来讲，礼仪是一种在人际交往中进行相互沟通的技巧；

⑥ 从审美上来讲，礼仪可以说是一种形式美，它是人的心灵美的外在表现。

了解上述各种对礼仪的解释，可以进一步加深对礼仪的理解，并且更为准确地把握礼仪的内涵。

1.1.3　现代礼仪的特征、原则及分类

现代礼仪是指现代人们在社会交往中共同遵守的行为准则和规范。它既可以单指为表示敬意而隆重举行的某种仪式，又可以泛指人们在社会交往中的礼节、礼貌等。随着社会的发展，礼仪已经由维护封建统治的古代礼仪，逐步演变为规范人的行为、举止，强调人的尊严，强调人与人之间建设性的互助合作，强调公共领域与私人领域的边界，强调职业伦理对职业行为规范的现代礼仪。

1. 现代礼仪的特征

1）国际性

随着近代工业的迅速兴起，商品经济的发展，国际交往日趋频繁，人们更需要用"礼仪"来调节和增进彼此间的关系，礼仪成了国际交往中不可或缺的要素，这就是礼仪的国际性。讲究礼节、注意礼貌、遵守一定的礼仪规范，已成为现代文明社会的一项重要标志。在讲文明、懂礼貌、相互尊重原则的基础上形成了完善的礼节形式。

2）民族性

礼仪作为约定俗成的行为规范，有明显的民族差异性。无论从礼仪的起源还是礼仪的内涵来看，不同的地域、不同的民族、不同的文化等都会造成礼仪的差异性，也就是礼仪的民族性。正是由于礼仪的民族性，才显示出各民族不同的文化、不同的宗教观念、不同的习俗等。同时，也正是由于礼仪的民族性，才使得礼仪文化丰富多样、精彩纷呈。

3）继承性

礼仪一旦形成，通常会长期沿袭，经久不衰，这是由礼仪的性质决定的。礼仪不是凭空出现的，它是在不断继承旧的礼仪的基础上推陈出新。旧礼仪中的精华会作为人类文明的结晶而传承下来。如西方礼仪中的很多礼节、礼貌一直传承到现在，成为现代礼仪不可缺少的一部分。

4）时代性

礼仪不是一成不变的，它是随着时代的发展而发展的。礼仪的内涵决定了它是规范和约束人的社会行为和习俗的，这一特点决定了礼仪具有一定的滞后性。随着时代和社会的发展，人们会对礼仪进行必要的修正，甚至舍弃。但是，社会的发展需要道德的约束和礼仪的规范，因此礼仪会在传承的基础上不断被更新，以适应时代的需要。

2. 现代礼仪的原则

在日常生活、工作中，有必要了解一些具有普遍性、共同性、指导性的礼仪原则。在人际交往、旅客服务工作中，应当以现代礼仪为基础，掌握约定俗成的规则，任何胡作非为、我行我素的行为，都是违背现代礼仪要求的。现代礼仪是以平等、适度、自律为原则的。

1）平等原则

现代礼仪是以平等原则为基础的，这是一条非常重要的原则。平等就是以礼待人、礼尚往来，既不盛气凌人，也不卑躬屈膝。平等原则要求我们在处理人际关系的过程中，尤其在服务接待中，对服务对象，不管是外宾，还是本国同胞，都要满腔热情、一视同仁地对待，应本着"来者都是客"的真诚态度，以优质服务取得旅客的信任，使他们乘兴而来，满意而去。

2）适度原则

适度原则是指交往中需要把握分寸，即根据具体情境，行使相应的礼仪。例如在与人交往时，既要彬彬有礼，又不能低三下四；既要热情大方，又不能轻浮阿谀；要自尊，但不要自负；要坦诚，但不能粗鲁；要信任，但不要轻信；要活泼，但不能轻浮。这是因为凡事过犹不及，运用礼仪时，假如做得过了头，或者做得不到位，都不能正确地表达自己一方的律己、敬人之意。当然，只有勤学多练，积极实践，才能真正把礼仪运用得恰到好处、恰如其分。

3）自律原则

礼仪作为行为的规范、处事的准则，反映的是人们共同的利益要求。每个人都有责任、义务去维护它、遵守它。各种类型的人际交往，都应当自觉遵守现代社会早已达成共识的道德规范（社会公德、遵时守信、谦虚友善等）。在人际交往中，交往双方都希望得到对方的尊重。因此，我们应该首先检查自己的行为是否符合礼仪的规范要求，主动做到严于律己、宽以待人。只有这样，才能在人际交往中塑造自身良好的形象，得到别人的尊重。

3. 现代礼仪的分类

1）根据交往性质划分

礼仪既然是社会交往中表示尊重和友好的行为规范，那么在人际交往的时候就一定会用到礼仪。人的社会交往行为非常复杂，为了便于认识与学习，我们可以根据交往的性质划分出各种礼仪。例如：

① 根据行业分，可以分为铁路客运礼仪、民航客运礼仪、酒店礼仪、商务礼仪等；

② 根据交往的程序和过程分，可以分为见面礼仪、沟通礼仪、宴请礼仪、送客礼仪等；

③ 根据行为主体分，可以分为个人礼仪、家庭礼仪、团体礼仪、国家礼仪等。

不同性质的社会交往要求不同类型的礼仪行为，不能相互混淆，也不能不顾特点照搬一般的礼仪。例如，同样是服务行业，酒店服务与民航服务在服务过程中有很大差异，若照搬酒店服务人员的培训方法培训民航服务人员，则忽略了民航自身的行业特点，是不可行的。

2）根据适用对象、适用范围划分

根据适用对象、适用范围的不同，现代礼仪分为行政礼仪、商务礼仪、服务礼仪、社交礼仪、涉外礼仪等几类。

① **行政礼仪** 亦称国家公务员礼仪，是指国家公务员在执行公务时所应遵守的礼仪。

② **商务礼仪** 是指公司、企业的从业人员及其他一切从事经济活动的人士，在经济往来中所应遵守的礼仪。

③ **服务礼仪** 是指各类服务行业的从业人员，在自己的工作岗位上所应遵守的礼仪。

④ **社交礼仪** 是指社会各界人士，在一般性的交际应酬之中所应遵守的礼仪。

⑤ **涉外礼仪** 亦称国际礼仪，是指人们在国际交往中，在同外国人打交道时所应遵守的礼仪。

■ 学习笔记 ■

■ 学习笔记 ■

1.2 东西方礼仪的差异

随着我国改革开放进程的加快，越来越多的外国人进入我国旅行、出差及工作，了解东西方礼仪的差异，有利于民航服务人员更好地为外国旅客服务。通过本节的学习，希望达成以下教学目标。

【知识目标】

（1）了解东方礼仪的特点。

（2）了解西方礼仪的特点。

【能力目标】

（1）能正确说出东西方礼仪的差异。

（2）能根据这些差异规范自己在工作和生活中的行为。

由于各国的历史与文化不同，不同国家的人民在进行礼仪交往时的习惯也有不少差异。概括来说，以中国传统礼仪为代表的东方礼仪具有重视血缘和亲情、强调共性、谦虚谨慎、含蓄内向、礼尚往来等特点，而西方礼仪则强调个性、崇尚自由，同时尊重妇女、简单务实，讲究平等、自由、开放。在国际交往日益增多的今天，中外人士都应遵守以"信守时约、相互谅解、求同存异、入乡随俗"为特点的国际礼仪通则。

1.2.1 东方礼仪的特点

东方礼仪主要是指以中国、日本、韩国、泰国、新加坡等亚洲国家为代表的具有东方民族特点的礼仪文化，其中最具代表性的是中国古代礼仪，中国古代礼仪以其富含人情味的传统向世人展示了中国悠久的历史文化的无穷魅力。日本、韩国、新加坡等国家的礼仪深受中国古代礼仪的影响。本节所介绍的东方礼仪主要是指中国礼仪。

中国是礼仪之邦，上下五千年，从西周视"礼"为"国之大柄"到现代的"八荣八耻"；从荀子的"国无礼而不宁"到今天的精神文明建设，以中国为代表的东方礼仪主要有以下特点。

1. 重视亲情和血缘

恩格斯在《家庭、私有制和国家的起源》一书中谈到国家和氏族制度的区别时指出："氏族制度的基础是血缘关系，而国家则按地区来划分她的国民。"恩格斯的论断，我们可以从国家一词的含义上得到证实。英文中"country"或"state"这两个代表国家的词均有国家、土地、区域的含义，但没有家庭、家族、血缘的含义。

在汉语里，"国家"一词则是"国"和"家"的结合，因为中国人历来是把"国"作为放大了的"家"去理解的。东方特有的血缘社会造就了东方特有的礼仪文化，并进一步以礼来规范个人和社会的行为，让礼仪在生活的各个方面发挥作用。中国古代社会本质上是以血缘关系为基础、以亲情为纽带而形成的一个注重人伦、崇尚道义的社会。在这个社会中，等级森严，秩序井然。

中国人的家庭观念相当浓厚，这点远甚西方。家庭的和睦可以促进社会的团结和稳定，同时也形成了"老吾老以及人之老，幼吾幼以及人之幼"的人文关怀，成为中华民族的传统美德。

在中国传统的伦理观念中，要求父母善待子女、子女孝敬父母；此外，夫妻之间如果能做到"相敬如宾""举案齐眉"，也是一种美德。正是这样的伦理道德观念，促进了传统中国家庭的和谐与美满，使得整个中国社会稳定而有序。

2. 谦虚、含蓄

中国人以谦虚为美德，常以"水平不高，能力有限""做得不好，请多批评"为自谦语，而这些自谦语往往被西方人看成缺少自信。中国封建社会以农耕为主要生产方式，长期与异质文化处于隔离状态，铸成了中国人的内向型含蓄性格，决定了中华民族对传统的重视和对礼仪规范、宗法、道德的崇尚，并由此形成了所谓崇尚群体伦理、抑制个性自由的价值取向。

3. 注重尊卑

中国古代的历史，主要是在氏族部落基础上发展起来的宗法国家的历史。西周的分封制，进一步发展和巩固了血缘宗法关系，确立了世袭王权的地位。血缘宗法关系在漫长的封建社会中保留下来，整个社会的基本组织模式也以家族为主，在这种秩序中又形成稳固的等级观念，按辈分、亲疏来论大小，排座次，每个人从出生那天开始，就已经在社会上确定了

自己的位置和辈分，中国古代没有西方文化中人人生来平等的观念。

因此，中国人最突出的礼仪，就是尊老爱幼。在地铁上，如遇有老人或年幼小孩，中国人大多会起立让座，地铁车厢内也设有老弱病残孕专座。

1.2.2　西方礼仪的特点

以欧洲和北美为主的国家的礼仪被称为西方礼仪。西方礼仪是目前国际交往的主流礼仪，现代礼仪的许多规范均参考、借鉴西方礼仪。

近年来，随着国际交往的频率与范围不断扩大，民航服务对象中出现了越来越多的西方客人，了解西方礼仪的特点，既可以进行针对性的服务，也可以提升企业形象，展示我国礼仪之邦的风范。

1. 西方礼仪的共同点

1）强调简单务实

西方礼仪强调简易务实，在社交活动中，既要讲究礼貌，表示对对方的尊敬，又要简洁便利，实事求是，不讲究繁文缛节和造作。

2）尊重妇女

在西方礼仪文化中，尊重女性，把女性作为受尊敬的对象。在交际活动中，总是给女性以种种的关爱，让女性先就座、先行走。目前女士优先原则已经成为国际共识。

2. 西方礼仪的国别差异

由于地域环境、文化传统的差异和社会发展的不平衡，西方各国的礼仪文化也会带有一些不同的特点。

西欧君主制国家保留了较浓厚的贵族传统，昔日宫廷礼节对社会生活仍有影响，因此君主制国家比共和制国家更讲究礼节形式。

美国人往往以不拘礼节而著称，双方见面时直呼对方名字，也不一定要握手致意，谈判、会议等正式交往中，没有敬语、敬茶等应酬，通常是打过招呼后马上进入正题。

美国人的穿着举止不像欧洲国家那样讲究"绅士"气派，常常以简单的饭菜招待客人。

日本作为具有东方文化传统的"西方国家"，则十分重视等级与礼节。日本的团体、机构之间及先辈、后辈之间都有明确的等级秩序。在一个公司内部，工作年限的长短是判断人的地位、待遇的重要标准。日本人见面时彼此行鞠躬礼，在任何场合都彬彬有礼。

第2章

民航服务礼仪概述

2.1　民航服务礼仪的基本概念、作用和原则

民航服务礼仪兼具服务行业礼仪的一般要求和交通运输行业的特殊礼仪要求。因此，本节主要介绍民航服务礼仪的基本内容，希望达成以下教学目标。

【知识目标】

1. 了解服务礼仪的概念和内涵。
2. 了解民航服务礼仪的意义和作用、基本原则。

【能力目标】

1. 能正确说出服务礼仪的概念和内涵。
2. 能正确说出民航服务礼仪的作用。

2.1.1 服务礼仪的概念和内涵

■ 学习笔记 ■

1.服务礼仪的概念

礼仪的"礼"表示尊重，即在人际交往中既要尊重自己，也要尊重他人，是一种待人接物的基本要求。礼仪的"仪"表示仪式，即尊重自己、尊重他人的表现形式。

礼仪就是律己、敬人的一种行为规范，是表现对他人尊重和理解的过程和方式。礼仪是为人们所认同，又为人们所遵守，以建立和谐关系为目的的各种符合交往要求的行为准则和规范的总和。

服务礼仪属于礼仪的一种，是指在各种服务工作中形成的、得到共同认可的礼节和仪式，是服务人员在服务过程中恰当表示对服务对象的尊重和与服务对象进行良好沟通的技巧和方法。

2.服务礼仪的内涵

服务礼仪的内涵主要体现为以下三方面：

① **服务礼仪是服务工作的规范或准则**　服务礼仪表现为一定的章法，即在投入某项工作之前，应先对该工作领域的习俗和行为规范有所了解，并按照这样的习俗和行为规范去开展工作；

② **服务礼仪是一定社会环境下的约定俗成**　在社会实践中，礼仪往往首先表现为一些不成文的规矩、习惯，然后才逐渐上升为公众认可的可以用语言、文字、动作来做准确描述和规定的行为准则，并成为人们有章可循、可以自觉学习和遵守的行为规范；

③ **服务礼仪是一种和谐的人际关系**　讲究礼仪的目的是实现社会交往各方的互相尊重，从而达到人与人之间关系的和谐。在现代社会，礼仪可以有效地展现施礼者和受礼者的教养、风度与魅力，它体现着一个人对他人和社会的认知水平、尊重程度，是一个人的学识、修养和价值的外在表现。一个人只有在尊重他人的前提下，自己才会被他人尊重。人与人之间的和谐关系，也只有在这种互相尊重的过程中，才会逐步建立起来。

2.1.2 民航服务礼仪的概念与发展

1.民航服务礼仪的概念

民航服务礼仪是民航从业人员与乘客交往过程中所应具有的相互尊

重、亲善、友好的行为规范和艺术，是"以客为尊、以人为本"理念的具体体现，也是交通运输行业优质服务的重要组成部分。对民航企业员工来讲，规范、正确的服务礼仪能够展示员工的外在美和内在修养，能够使民航企业员工拉近与乘客的距离，赢得乘客的满意和信任，提升企业的形象，实现服务品牌的增值。

2. 民航服务礼仪的发展

一般来说，可以把民航服务礼仪的发展分为两个阶段：

第一阶段是以管理为目标的民航服务礼仪，对客运服务质量和服务礼仪方面的要求力度不够，该现象在 20 世纪尤为明显，对乘客冷言冷语，甚至辱骂乘客的现象都时有发生。

第二阶段是以服务为目标的民航服务礼仪。随着经济快速的发展和交通运输系统建设投资的扩大，我国民航出现井喷式增长，民航的服务代表着整个城市的形象，这就导致民航企业对服务质量、服务礼仪的高度重视，把其上升到塑造企业外部形象和塑造城市乃至国家形象的高度。

近些年，我国的民航企业开始下大力气提高内部管理控制水平，提升服务质量以获取乘客的高满意度。对于广大民航服务人员来讲，服务意识是前提，服务技能是基础，要想提升自己的服务水平和质量，首先要加强爱岗敬业和职业道德教育，树立正确的人生观和价值观，形成讲奉献、比进取的良好氛围；其次要注重提高自己的服务意识，关注服务细节，掌握整个服务过程中乘客的需求；最后，要从服务形象、服务礼仪、服务姿态、服务用语等基础性技能培训着手，不断改进服务工作，提升服务水平，树立良好的窗口形象。

2.1.3　民航服务礼仪的意义和作用

民航服务礼仪是民航服务人员在其岗位上通过言谈、举止等对乘客表示尊重和友好的行为规范。它是民航优质服务的重要组成部分，重视民航服务礼仪不仅有利于员工提高个人的内在修养，而且能够提升民航运营企业的形象。概括来讲，民航服务礼仪的意义和作用主要体现在以下两个方面。

■ 学习笔记 ■

1. 提高自身修养，改善人际关系

在人际交往中，礼仪往往是衡量一个人文明程度的标准之一。它不仅反映一个人的交际技巧与应变能力，而且还反映其气质风度、阅历见识、道德情操、精神风貌。运用礼仪，有益于人们更规范地设计个人形象，维护个人形象，也有益于人们更充分地展示个人的良好教养与优雅风度。礼仪还可以使人在交际活动中充满自信，胸有成竹，更好地向交往对象表达自己的尊重、敬佩、友好与善意，增进彼此之间的了解与信任。

2. 提升企业形象，提高乘客满意度

良好的服务礼仪能够提高乘客满意度，减少投诉的发生。民航服务人员每天要面对成千上万不同年龄、不同性别、不同性格和不同文化的乘客，每天都要与陌生人打交道。面对同样的问题，有些服务人员无法平息乘客的怒气，有些服务人员却能三言两语把问题处理得很妥当，这就是服务礼仪的魅力。

2.1.4 民航服务礼仪的基本原则

1. 尊重

"礼者，敬人也"，这是对礼仪核心思想的高度概括。所谓尊重原则，就是要在服务过程中，将对乘客的重视、恭敬、友好放在第一位，这是礼仪的重点与核心。因此，在服务过程中首要的原则就是敬人之心长存，掌握了这一点，就等于掌握了礼仪的灵魂。在人际交往中，只要不失敬人之意，哪怕具体做法一时失当，也容易得到服务对象的谅解。

2. 真诚

服务礼仪所讲的真诚原则，就是要求在服务过程中，必须待人以诚，唯有如此才能表达对客人的尊重与友好，才会更好地被对方所理解、所接受。与此相反，倘若仅把礼仪作为一种道具和伪装，在具体的服务工作中口是心非、言行不一，则有悖礼仪的基本宗旨。

3. 宽容

服务礼仪所讲的宽容原则，就是要求在服务过程中，既要严于律己，更要宽以待人，要多体谅他人，多理解他人，学会与服务对象进行心理换位，不求全责备、咄咄逼人。

4. 适度

服务礼仪所讲的适度原则，就是要求应用礼仪时，为了保证取得成效，必须注意技巧，合乎规范，特别要注意把握分寸，做到认真得体。凡事做过了头，或者做不到位，就不能正确地表达自己的律己、敬人之意。

5. 乘客至上

民航运营企业是从事旅客运输的服务行业，其生产效能是满足人们的出行需要，具有鲜明的社会服务特点。摆正自己与服务对象的关系位置，确立"服务为本，乘客至上"的道德意识，讲求服务信誉，千方百计维护乘客利益，全心全意为乘客服务，是民航服务人员职业道德的核心。

2.2　民航服务人员的礼仪素养要求

民航服务人员的基本礼仪素养是岗前训练的重要内容，具有鲜明的服务行业特点，本任务要求对基本礼仪素养做到心中有数。通过本任务的学习，希望达成以下教学目标。

【知识目标】

掌握民航服务人员应具备的基本礼仪素养。

【能力目标】

能用民航服务人员的基本礼仪素养标准规范自己在生活、工作中的行为。

1. 亲和力

微笑是打开人与人之间心扉的钥匙，是最具亲和力的表现。对民航服务人员来说，微笑（见图2-1）不仅是自身文化素质和礼貌修养的体现，更是对乘客的尊重与热情的体现。

■ 学习笔记 ■

图2-1

1）亲和的微笑可以拉近服务人员与乘客之间的距离

民航服务人员时刻保持微笑是从情感上拉近与乘客之间距离的有效方法。在乘客遇到问题或需要帮助时，就会很自然、很及时地向服务人员提出，不会因尴尬、生疏而不好意思说出口，这有助于服务工作的及时开展，从而提高服务质量。

2）亲和的微笑可以提高服务质量，改善服务态度

乘客的情绪往往受服务人员态度的影响，在服务交往中，真诚的笑容、温和的语调和礼貌的语气，不仅让乘客产生好感，而且对乘客焦虑、急躁的情绪还有稳定的作用，使乘客在整个服务交往过程中感到轻松和愉快。

3）微笑能带来良好的首因效应

首因效应又称第一印象，指的是第一次交往过程中形成的最初印象，先入为主是它最大的特点。它不仅能对乘客的心理活动产生影响，而且对服务交往也有很大的影响。一旦乘客对服务人员产生不良的第一印象，以后就很难改变它，往往要付出比先前多几倍的努力。所以服务人员在与乘客初次交往时，面带亲和的微笑具有重要的作用，它能快速地使服务人员与乘客之间的关系变得融洽，有事半功倍的效果。

2. 仪容仪表要整洁

服务人员的仪容仪表是乘客对民航服务印象的重要来源，良好的仪容仪表，会给人留下美好的印象，也对民航企业有着宣传作用，同时还能弥补某些服务的不足。反之，不好的仪容仪表往往会令人生厌，即使有热情的服务和一流的设施，也不一定会给乘客留下好印象。

客运服务人员的仪容仪表一定要整洁、大方（见图2-2）。好的仪容仪表可以拉近服务人员与乘客之间的距离，带给乘客清新、健康的感觉。

图2-2

3. 问候要舒心

问候是人与人见面时的开场白。问候得当可以迅速表现出自己的诚意与热情，可以在最初的接触中给乘客留下良好的印象。民航服务人员见到乘客时，应主动打招呼，并进行亲切的问候。一般来说，先打招呼的人会在后面的谈话、交流和服务中掌握主动权。

4. 语言要得体

语言是服务的首要条件，它对做好服务工作有着十分重要的作用。得体的语言会让乘客倍感亲切，反之则效果截然不同。民航服务人员应在服务中做到语言亲切、举止得体。民航服务人员要善于察言观色，语言交流要针对实际情况，并从言谈举止中迅速把握乘客的心情，听明白乘客讲话的弦外之音，了解乘客的需求和愿望，尽量站在乘客的立场上说话办事，从而满足乘客的心理需要。除此之外，服务人员需要用委婉的语气表达否定的意思，拒绝乘客时，最好不要用否定句，否定句具有强烈的负作用，会给乘客留下不愉快的印象。

5. 服务要热情主动

热情是指民航服务人员即使在乘客暂时不需要服务时，也要察言观色，以便及时为乘客提供服务。优秀的民航服务人员往往在乘客发出"请提供服务"信息之前就能通过察言观色，主动提供服务。

除此以外，民航服务人员要保持持久的热情。无论乘客如何挑剔，或是受到了多大的委屈，都应始终面带微笑，以积极、热情的态度面对每一位乘客，这种热情要建立在热爱本职工作的基础之上。

案例链接

日本的一家服务企业，用十分独特的面试方法来面试服务人员。该企业在面试时会突然中断，然后安排另一个人向这名应试者询问某个问题，比如询问洗手间在什么位置，得到的回答通常有三种，第一种是直接回答"我不知道"或面带不耐烦表情；第二种回答是"不知道，并说明自己的身份"，也没有提供帮助；第三种回答是："对不起，我是来面试的，不过我可以去帮您问一下，然后再告诉您。"对于前两种回答的应试者，公司是不会录用的，而对于第三种回答的应试者，公司会将其安排到重要的工作岗位上。因此，积极主动地为他人提供服务，是对一名服务人员的基本要求。

6. 善于控制情绪

在服务过程中，乘客对服务不认可时，经常会在不同的场合以不同的方式对服务人员提出批评。当乘客在公共场合对服务人员疾言厉声时，会使服务人员难以接受，甚至难堪。遇到这种情况，服务人员首先要保持冷静，不能急着与其进行争辩，更不可与之针锋相对，使矛盾激化，难以收拾。如果乘客无理取闹，可以交相关部门或相关人员解决。

当乘客有不礼貌行为举止时，更要做到有礼、有利、有节地解决问题。

① 有礼 指临辱不怒。面对乘客的不礼貌时，民航服务人员不应生气发火，而应沉着冷静，面带真诚微笑，以妙语对粗言，以豁达对愚昧，以文雅对无礼，使乘客对自己的行为过意不去，只有这样，才不至于使自己陷入被动的境地，才能够维护企业的窗口形象。

② 有利 指动之以情，晓之以理。虽然有些乘客态度生硬，但是一旦发现自己理亏，得不到大多数人的支持与认可，还是会有所收敛的。

③ 有节 指不能因为乘客有过错而心存芥蒂。要记住，和乘客发生矛盾，最终受到损失的是民航企业和乘客双方。同时，对乘客的宽容也会得到回报。

作为优秀的民航服务人员，应善于控制自己的情绪，约束自己的情感，克制自己的行为，无论与哪一类型的乘客接触，无论遇到什么问题，都能够做到镇定自若，不失礼于人。

第 3 章

民航服务人员仪容、仪表及仪态标准

3.1　民航服务人员仪容标准

从事民航服务工作，必须重视个人的仪容礼仪，因为仪容礼仪除了可以美化自身、提高修养之外，还代表着所在企业的形象。因此，本节集中介绍民航服务人员的仪容标准。通过本节的学习，希望能达成以下教学目标。

【知识目标】

1. 了解发型规范要点。
2. 了解妆容规范要点。

【能力目标】

1. 能正确说出民航服务人员的仪容标准。
2. 能根据这些标准规范自己在工作和生活中的行为。

3.1.1 民航服务人员发型标准

1. 男性服务人员发型标准

标准：前发不遮眉，侧发不掩耳，后发不及领。

也就是说，男性服务人员从正面看头发保持在额头上方，不遮盖眉毛；从侧面看，鬓角不超出内耳廓下端，不遮耳朵，露出双耳；从后面看，头发不触及衣领上线。男性服务人员标准发型如图3-1所示。

图3-1

男士不可剃光头、小平头、阴阳头，不留中分，不烫夸张发型，不染异常发色，如有白发且白发较多，建议染发，染色接近黑色或接近自己发色为宜。

2. 女性服务人员发型标准

1）长发女性

凡头发长度及肩或过肩者，必须将头发盘起，原因如下：第一是航空安全的需要，一旦发生紧急情况，可以没有障碍、快速利落地采取应急措施；第二是航空食品卫生的需要，对于客舱乘务人员或地面操作航空食品的服务人员来说，可避免长发掉落在食品里，影响食品卫生；第三是所在企业职业形象的需要。

发型一：额头"大光明式"发髻（见图3-2）。

图3-2

22

发型二："侧刘海式"发髻（见图3-3）。

图3-3

发型三：额头"前高式"发髻（见图3-4）。

图3-4

2）短发女性

短发女性应保持头发干净整洁，不允许染夸张颜色（见图3-5）。

图3-5

■ **学习笔记** ■

3.1.2 民航服务人员形象标准

1. 男性形象标准及修饰方法

男性形象标准及修饰方法如表 3-1 所示。

■ 学习笔记 ■

表3-1 男性形象标准及修饰方法

项目		仪容标准	修饰方法	备注
五官	眼睛	有神,两眼在同一水平线上,两眼大小、间距适中,眼窝深浅适中,眼球端正对称,角膜露出约 3/4	保持眼睛明亮、眼角干净即可	若佩戴眼镜,需保持镜片干净明亮
	眉毛	眉毛浓密适中,眉间分明	可适当用修眉刀定期修理眉型	男士不可修过细眉型
	鼻子	鼻子高而平准,鼻根与两侧眼皮位置等高、鼻子长度、鼻尖高度适中,鼻翼外缘不超过两眼的垂直线,鼻尖球形,鼻孔椭圆形,双侧对称,斜向鼻尖	无	不可外露鼻毛
	嘴	嘴的宽度适中,嘴唇丰满,唇线分明,自然红润,有光泽,下唇较上唇厚,有立体感,上唇下 1/3 部微向前翘	可用保湿型润唇膏定期保养	忌用带颜色或过亮的唇膏
	耳朵	耳朵大小适中,贴顺,对称,耳垂长而圆润	注意耳蜗卫生,清理残留污垢	不允许打耳洞
	五官比例	"三点一线"是指眉头、内眼角、鼻翼三点构成一垂直直线;"四高三低"是指作一条垂直的通过额部—鼻尖—人中—下巴的轴线,在这条轴线上。"四高"指的是额部、鼻尖、唇珠、下巴尖处于高位;"三低"是两个眼睛之间、鼻额交界处必须是凹陷的;在唇珠的上方人中沟是凹陷的。美女的人中沟都很深,人中脊明显;下唇的下方,有一个小小的凹陷,共 3 个凹陷		可通过化妆来修饰五官比例
面容肤色	头	头型适中,头发光亮、光滑,发色自然,发型整洁、大方	定期清洗、护理头发	不允许染色
	脸型	脸型椭圆,额头饱满,五官端正,脸部线条柔和,颧骨高矮适中	无	
	肤色	肤色红润健康,有光泽,白皙,色素分布均匀,无明显斑点	加强锻炼,注意营养	
	面部皮肤	肤色红润健康,有光泽,白皙,无明显斑点痕迹	清洁皮肤,使用润肤露,注意防晒	忌涂抹厚重粉底
	牙齿	牙齿整齐,竖直紧密,色泽洁白,形态自然,口气芬芳	护理牙齿,定期洗牙,避免口臭	
气质	精神面貌	气质佳,衣着得体,站姿优美,目光神奕,彰显沉稳、刚毅、执着、豁达、爽朗、乐观、坚韧、大胆、果断、博大或深沉,具有特殊的力度感等不同气质。精神气质佳,无习惯性小动作,亲切自然,热情大方	加强体能、形体训练,养成在公众面前敢于表达、善于表达的演讲能力	
形体	身材	体型适中,挺拔,背部正直,腰呈椭圆柱形,轻盈灵活,小腹平坦,腰围适中	加强体能、形体训练	
	手臂	双臂对称等长,等粗,发育均衡,皮肤光滑,十指灵活,指甲清洁光亮,五指发育正常,汗毛适中且色淡、稀疏	注意个人卫生,勤洗澡,勤打理毛发	不允许染指甲
	腿	修长,匀称,骨骼正直,外形圆润光滑,无松弛肌肤,粗细适当,两腿合拢时间隙不超过 5 cm	注意个人卫生,勤洗澡,勤打理毛发	忌受伤、划伤等疤痕

2. 女性形象标准及修饰方法

女性形象标准及修饰方法如表 3-2 所示。

表3-2　女性形象标准及修饰方法

项目		仪容标准	修饰方法	备注
五官	眼睛	有神,两眼在同一水平线上,两眼大小、间距适中,眼窝深浅适中,上睑毛密、长而翘,下眼睫毛略短而稍向下,眼球端正对称,角膜露出约 3/4	需化眼线、上睫毛膏,眼影依据所在航空企业要求而定。不允许化烟熏妆、浓眼妆,不允许佩戴美瞳	若佩戴眼镜,需保持镜片干净明亮
	眉毛	眉毛稍密,高而狭,眉梢宜细,眉间分明	可适当用修眉刀定期修理眉型,眉毛颜色需与发色相同	忌夸张颜色眉毛,忌纹眉
	鼻子	鼻子高而平准,鼻根与两侧眼皮位置等高,鼻子长度、鼻尖高度适中,鼻翼外缘不超过两眼的垂直线,鼻尖球形,鼻孔椭圆形,双侧对称,斜向鼻尖	可用高光或阴影粉修饰鼻梁	不可外露鼻毛
	嘴	嘴的宽度适中,嘴唇丰满,唇线分明,自然红润,有光泽,下唇较上唇厚,有立体感,上唇下 1/3 部微向前翘	可用保湿型润唇膏定期保养,需涂带颜色的唇膏、口红,唇膏颜色依据所在企业要求,一般以红色、粉红色为宜	忌夸张颜色唇膏
	耳朵	耳朵大小适中,贴顺,对称,耳垂长而圆润,颜色粉红	注意耳蜗卫生,清理残留污垢,可佩戴白色珍珠材质耳环	只允许打一对耳洞
	五官比例	"三点一线"是指眉头、内眼角、鼻翼三点构成一垂直直线;"四高三低"是指作一条垂直的通过额部—鼻尖—人中—下巴的轴线,在这条轴线上。"四高"指的是额部、鼻尖、唇珠、下巴尖处于高位;"三低"是两个眼睛之间、鼻额交界处必须是凹陷的;在唇珠的上方人中沟是凹陷的。美女的人中沟都很深,人中脊明显;下唇的下方,有一个小小的凹陷,共 3 个凹陷		可通过化妆来修饰五官比例
面容肤色	头	头型适中,头发光亮、光滑,发色自然,发型整洁,美观	定期清洗、护理头发,注意发际线不可过高	不允许染色
	脸型	面容姣好,脸型椭圆,额头饱满,五官端正,脸部线条柔和,颧骨高矮适中	可用阴影粉或局部高光修饰脸部轮廓	
	肤色	肤色红润健康,有光泽,肤质细腻、光滑、白皙,触感紧致、柔韧有弹性,色素分布均匀,无斑点。毛孔细小,体毛稀疏、色浅	加强锻炼,注意营养	
	面部皮肤	红润健康,有光泽,肤质细腻、光滑、白皙,触感紧致、柔韧有弹性,色素分布均匀,无明显斑点痕迹	清洁皮肤,使用润肤露,注意防晒,可涂抹与肤色一致的粉底或遮瑕膏,需化腮红,腮红颜色需与唇膏颜色一致	忌涂抹厚重粉底
	牙齿	牙齿整齐,竖直紧密,色泽洁白,形态自然,口气芬芳	护理牙齿,定期洗牙,避免口臭	
气质	精神面貌	气质佳,衣着得体,站姿优美,目光神奕。彰显亲和力、漂亮、优雅、热情或有内涵等不同气质。精神气质佳,无习惯性小动作,亲切自然,热情大方	加强体能、形体训练,养成在公众面前敢于表达、善于表达的演讲能力	

■ 学习笔记 ■

项目		仪容标准	修饰方法	备注
形体	身材	修长匀称,有曲线美,背部平直,腰呈椭圆柱形,轻盈灵活,小腹平坦,腰围适中	加强体能、形体训练	
	手臂	双臂对称等长,等粗,发育均衡,关节圆润灵活,粗细适中,双手柔软嫩滑,十指纤长灵活,指甲清洁光亮,五指发育正常,小臂与手背光洁,汗毛适中且色淡、稀疏	注意个人卫生,勤洗澡,勤打理毛发	不允许染指甲
	腿	修长,匀称,骨骼正直、外形圆润光滑,无松弛肌肤,粗细适当,皮肤有弹性,膝盖处无赘肉。大腿和小腿笔直伸展,小腿较长,腿肚最粗处位置高,两腿合拢时间隙不超过 3 cm。足裸纤细、圆润,无脂肪聚集和皮肤松弛现象	注意个人卫生,勤洗澡,勤打理毛发,需着肉色丝袜,部分企业要求着黑色丝袜,以所在企业要求为准	忌受伤、划伤等疤痕

3.2 民航服务人员仪表标准

从事民航服务工作,必须尊重所在企业的制服文化,因为任何一家民航企业的制服都代表着企业的形象和软实力。作为民航服务人员,必须时刻规范自己的制服礼仪,维护自己所在企业的形象。因此,本节集中介绍民航服务人员的仪表标准,希望达成以下教学目标。

【知识目标】

1. 了解制服规范要点。
2. 了解其他用品规范要点。

【能力目标】

1. 能正确说出民航服务人员的仪表标准。
2. 能根据这些标准规范自己在工作和生活中的行为。

3.2.1 民航服务人员制服标准

图 3-6 所示是一组民航服务人员标准着装照片。

■ 学习笔记 ■

图3-6

1. 女士制服要求

1）套裙和套裤

整理平整，上衣外套系好纽扣，口袋不可放任何物品，如钥匙、笔、手机等，不可挽起袖口或裤脚。

2）衬衣及马甲

衬衣分长袖和短袖两种，着衬衣时必须穿着马甲，衬衣要清洗干净，熨烫平整，下摆扎进裤腰或裙腰，系好所有的纽扣，夏季穿短袖衬衣，春、秋、冬季穿长袖衬衣，统一换装。

3）大衣

须系好纽扣，系好腰带，不可敞开前襟。着大衣时可配搭围巾或丝巾。

4）围裙

餐饮服务时要着围裙，其余时间应脱下围裙，尤其打扫洗手间时更应脱下围裙。围裙如图 3-7 所示。

图3-7

5）皮鞋

皮鞋应保持光亮，无破损。皮鞋选用无任何装饰品的纯面亚光皮鞋，鞋跟不超过 6 cm，鞋跟不宜过细或过粗，如图 3-8 所示。

图3-8

6）丝袜

颜色统一，要符合所在公司的要求，并且无破损，无抽丝。随身多准备一双替换丝袜，以备不时之需。

7）丝巾

着制服时需要系上统一配发的丝巾，丝巾应紧贴脖子佩戴，丝巾造型如花朵，放置在左肩处。下面是几种丝巾的系法。

第一种 平结（见图 3-9）

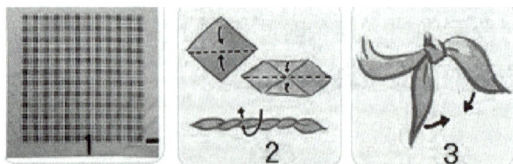

图3-9

第二种 扇形结（见图 3-10）

图3-10

第三种 三角形（见图 3-11）

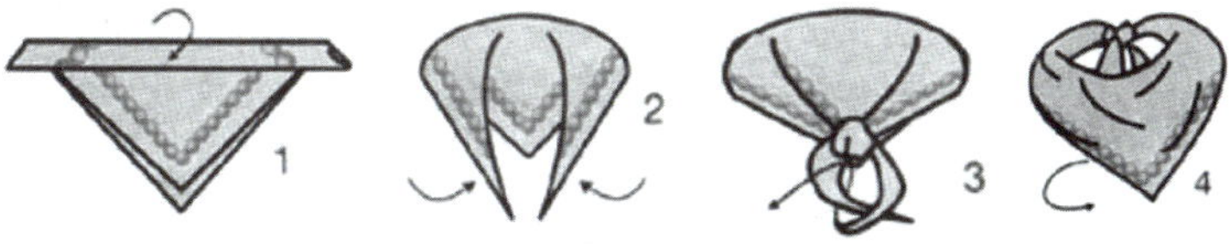

图3-11

第四种 玫瑰花结（见图 3-12）

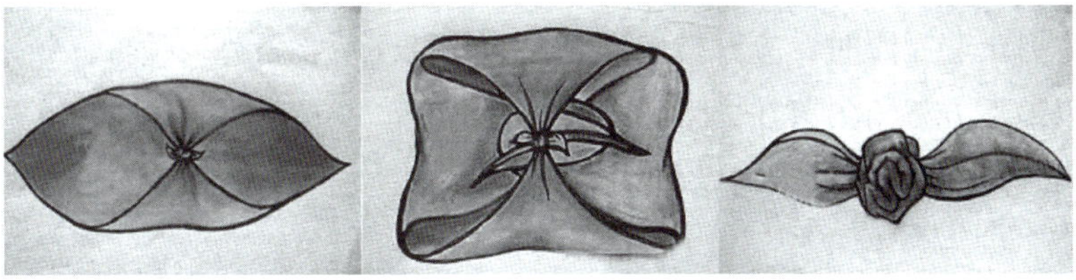

图3-12

2. 男士制服要求

1）制服外套

整理平整，必须系好纽扣，不要挽起袖口。

2）衬衣和马甲

衬衣分长袖、短袖两种，应清洗干净，熨烫平整。穿着时必须系好所有的纽扣，将衬衣下摆放到裤腰里面。任何时候不要挽起袖口。夏季衬衣里面可以穿一件白色背心。着马甲时应扣好扣子，整理平整。

3）裤子

应熨烫平整，保持干净，任何时候都不能挽起裤腿，裤子的长度以裤脚轻搭在鞋面上方为宜，裤兜内不得放置物品，如钥匙、笔、手机等。

4）皮鞋

皮鞋应干净、光亮，以系带黑色纯面为宜，如图 3-13 所示。

图3-13

学习笔记

5）袜子

穿着制服时，只能穿黑色或藏蓝色的中长袜子，袜子上应不带任何标志和图形，确保坐下和蹲下时不露出腿部的皮肤。

6）大衣

领子需要平放，不能随意立起，所有的扣子扣好，穿大衣时里面必须着制服外套。

7）领带

男士着制服时，应佩戴统一配置的领带，站立姿势打领带，领带长度以最下方三角尖落在皮带扣中心位置为宜。着马甲时，领带放在马甲里面。图 3-14 是领带的基本系法。

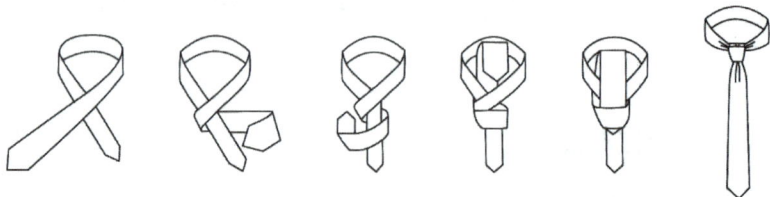

图3-14

8）皮带

男士皮带扣款式要简洁大方，皮带应为黑色、无花纹，如图 3-15 所示。

图3-15

3.2.2　其他用品佩戴标准

1. 工作名牌

1）女士佩戴位置

① 穿制服外套时工作名牌佩戴在左上方口袋边沿上方正中间位置；

② 穿围裙时佩戴在左上方的肩带与裙身之间；

③ 穿马甲时佩戴在左上方口袋边沿上方正中间位置。

图 3-16 是女士正确佩戴工作名牌的照片。

图3-16

2）男士佩戴位置

① 穿制服外套时工作名牌佩戴在左上口袋边沿上方正中间位置；

② 穿马甲时佩戴在马甲左上口袋边沿上方正中间位置；

③ 穿衬衣时佩戴在衬衣左上侧口袋边沿上方正中间的位置。

图 3-17 是男士正确佩戴工作名牌的照片。

图3-17

■ 学习笔记 ■

2. 手表

根据中国民航局规定，每名民航工作人员，特别是空勤人员在执勤期间，必须佩戴一块走时准确的手表，一旦发生紧急情况，全体机组人员必须按照机长的指令，按预定时间采取应急措施或紧急撤离。

男、女手表款式要选择正规的基本款（见图3-18），不允许佩戴亮闪闪、个性化、夸张时髦或卡通式的手表。

图3-18

3. 配饰

1）耳钉

民航男性工作人员耳部不允许佩戴任何饰品，不允许打耳洞。

民航女性工作人员允许佩戴一对材质好的、黄豆大小的耳钉。耳钉材质最好是白色珍珠，耳钉不允许带任何装饰，如图3-19所示。

图3-19

2）戒指

民航工作人员每人中指或无名指都允许佩戴一枚材质上乘、简洁设计款的戒指，如图3-20所示。

图3-20

4. 登机箱

保持登机箱干净整洁，不在登机箱外粘贴个性挂饰，如图3-21所示。应妥善保管登机箱，在公众场合不得人箱分离。

图3-21

学习笔记

3.3　民航服务人员仪态标准

从事民航服务工作，服务人员一举一动都会影响所在企业的形象和声誉。作为民航服务人员，必须时刻规范自己的仪态，维护自己所在企业的形象。因此，本节介绍民航服务人员仪态标准，希望达成以下教学目标。

【知识目标】

1. 了解站姿、坐姿规范要点。
2. 了解走姿、蹲姿规范要点。

【能力目标】

1. 能正确说出民航服务人员的仪态标准。
2. 能根据这些标准规范自己在工作和生活中的行为。

3.3.1 站姿标准

1. 女士站姿

1) 服务站姿

自然挺拔站立，两脚跟相靠，脚尖展开 45°~60°，身体重心主要支撑于前脚掌。两肩放松下沉，脖颈挺直，头向上顶，下颌微收，四指并拢，双手虎口相交叠放于身前（小腹的位置），右手在上，左手在下。手掌尽量舒展，两手服贴成自然的鱼尾状，手指伸直但不要外翘。

这种站姿（见图3-22）可以体现服务人员的稳重大方的专业素养。

图3-22

2) 礼宾站姿

自然挺拔站立，双臂自然下垂，双手四指并拢，虎口相交，右手在上，左手在下，大拇指内收，顶到肚脐处，手掌尽量舒展成自然的鱼尾状，手指伸直但不要外翘。

这种站姿（见图3-23）可以展现女士的优美，又凸显职业特点。

学习笔记

图3-23

3）交流站姿

自然挺拔站立，双手四指并拢，左手握住右手大拇指，右手四指并拢，可自然弯曲，轻叠于左手四指上，掌心向下，两小臂轻放在腰际，肘关节内收，靠向腰间。

这种站姿（见图3-24）适用于服务人员与旅客交流过程中，显得轻松自然，富有亲和力。

图3-24

2.男士站姿

1）服务站姿

自然挺拔站立，两脚跟相靠，脚尖展开 45°~60°，身体重心主要支撑于前脚掌。两肩放松下沉，脖颈挺直，头向上顶，下颌微收，双臂放松，自然垂放于身体两侧，五指并拢，中指贴近裤缝。

这种站立姿势也叫"肃立站"，在庄重、严肃的场合可体现正式稳重感，在旅客服务中这种站姿（见图 3-25）预示着随时为旅客服务。

图3-25

2）交流站姿

双脚在服务站姿基础上平行打开，不超过肩宽，以 20 cm 为宜，右手握住左手的手腕靠近手掌处，左手轻握空拳。双臂自然垂放在身体前侧。面带微笑，眼神注视对方。

这种站姿（见图 3-26）一般用在与旅客问候、交流的时候。

学习笔记

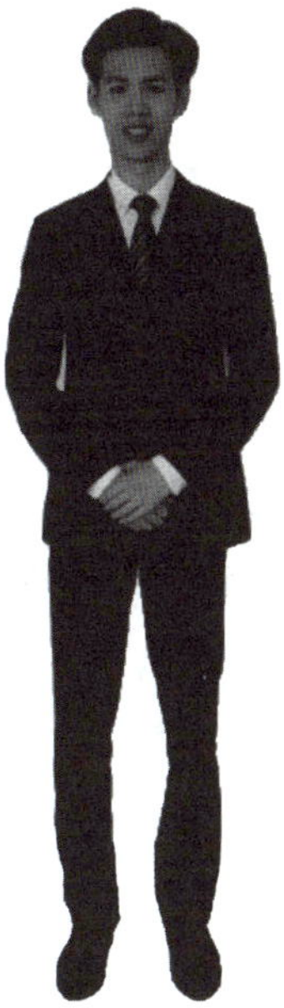

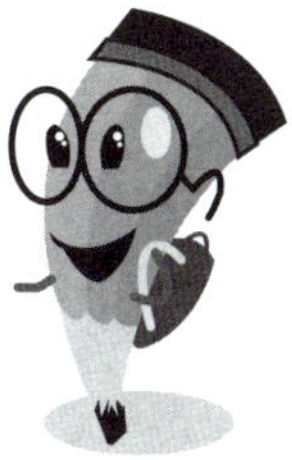

图3-26

3）礼宾站姿

双脚在服务站姿基础上平行打开，不超过肩宽，以 20 cm 为宜，双手在背后腰际相握，左手握住右手手腕靠近手掌的位置，如图 3-27 所示。

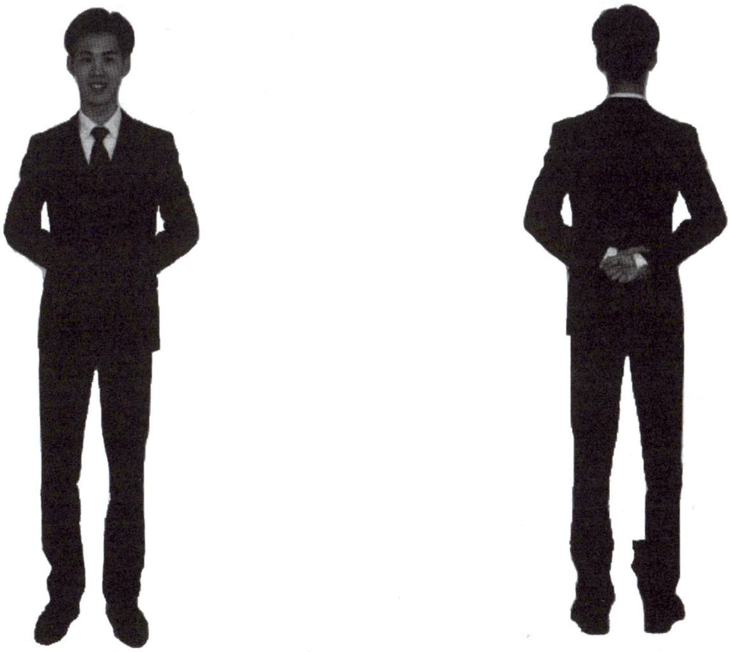

图3-27

3.3.2 坐姿标准

1. 女士坐姿

1）正坐式

正坐时，腰背挺直，挺胸抬头，面带微笑。双手虎口相对，右手在上，左手在下，叠放在裙边，以防走光。双腿并拢，膝盖靠拢，脚后跟、脚尖并拢。正坐式需注意三个直角：

① 上半身与大腿成直角；

② 大腿与小腿成直角；

③ 小腿与地面成直角。

正坐式坐姿如图 3-28 所示。

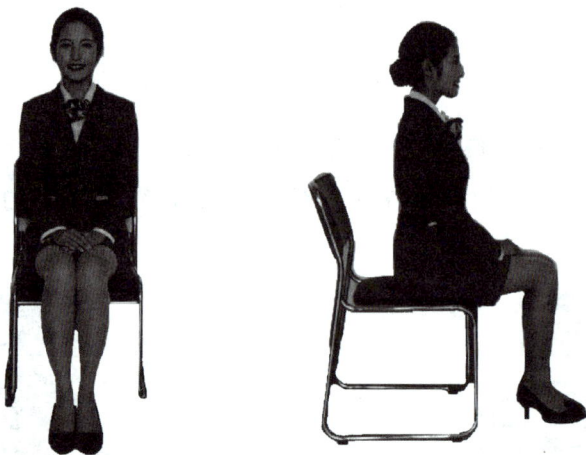

图3-28

2）双腿斜放式

坐椅子的 2/3，腰背挺直，双腿并拢，膝盖靠拢，脚后跟、脚尖并拢。双脚有以下两种放置方式：

① 双脚斜放于身体左侧（从正坐式向左移动一只脚的距离），双手叠放于裙边上；

② 双脚斜放于身体右侧（从正坐式向右移动一只脚的距离），双手叠放于裙边上。

双腿斜放式坐姿如图 3-29 所示。

图3-29

■ 学习笔记 ■

3）双腿交叠式

坐椅子的2/3，腰背挺直，膝盖靠拢，双脚在脚踝处交叠，后面的脚腕紧贴于前脚踝，脚尖朝下。双脚有以下两种放置方式：

① 双脚交叠，放于身体左侧（从正坐式向左移动一只脚的距离），双手叠放于右腿上；

② 双脚交叠，放于身体右侧（从正坐式向右移动一只脚的距离），双手叠放于左腿上。

双腿交叠式坐姿如图 3-30 所示。

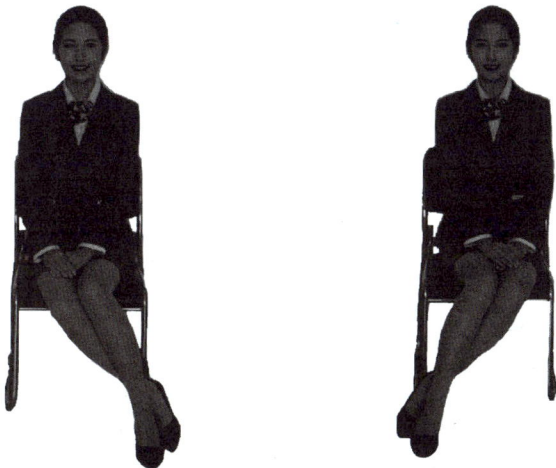

图3-30

4）前伸后屈式

坐椅子的2/3，腰背挺直，膝盖靠拢，双手叠放于裙边。双脚有以下两种放置方式：

① 左脚前伸约半只脚的距离，右脚后屈；

② 右脚前伸约半只脚的距离，左脚后屈。

前伸后屈式坐姿如图 3-31 所示。

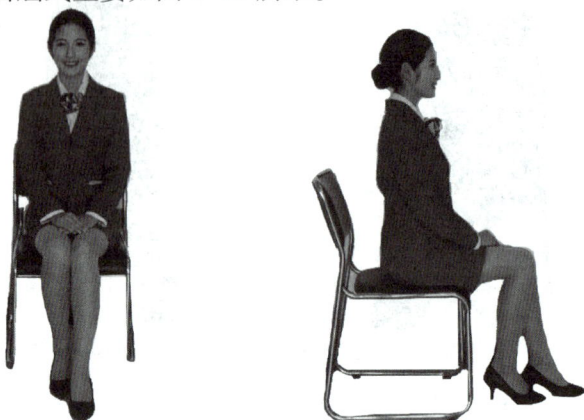

图3-31

学习笔记

2. 男士坐姿

正坐式

双腿自然打开，距离小于肩宽。两脚尖打开45°左右，脚尖不内扣、不外扩。挺胸抬头，腰背挺直，面带微笑。双手自然放置于两腿上，指尖距离膝盖约一拳。

正坐时需要注意三个直角：

① 上半身与大腿成直角；

② 大腿与小腿成直角；

③ 小腿与地面成直角。

男士正坐式坐姿如图 3-32 所示。

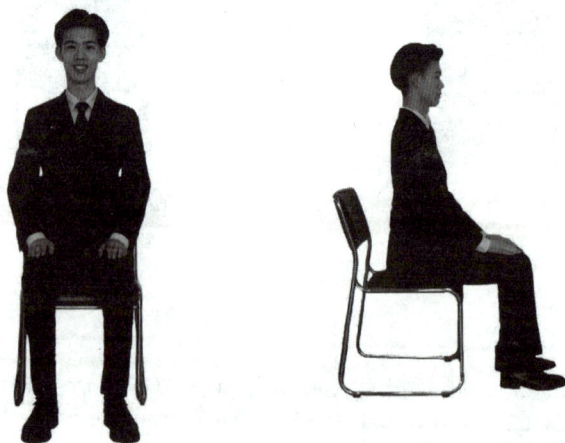

图3-32

3.3.3　走姿标准

1. 女士走姿

女士走"柳叶步"，双脚内侧尽量在一条直线上，不要走"麻花步"。柳叶步要点如下：

① **重心**　前脚上；

② **步幅**　25 cm 左右，约一脚长；

③ **步速**　平稳，均匀；

④ **步高**　距地面 2~3 cm。

女士标准走姿如图 3–33 所示。

图3–33

2. 男士走姿

男士走"平行步"，两脚内侧距离以一只脚宽为宜。平行步要点如下：

① **重心**　前脚上；

② **步幅**　35 cm 左右；

③ **步速**　平稳，均匀；

④ **步高**　距地面 3~4 cm。

男士标准走姿如图 3–34 所示。

■ **学习笔记** ■

图3-34

3.3.4 蹲姿标准

1. 女士蹲姿

1）高低式蹲姿

两腿一前一后（左、右腿在前均可，下面以左腿在前为例进行说明），左腿垂直于地面，脚掌完全着地。右腿膝盖内侧靠于左腿小腿内侧，右脚掌着地，脚跟抬起。臀部向下，上半身挺直。双手叠放在裙边，左手手腕置放于左腿膝盖上方。

高低式蹲姿如图 3-35 所示。

图3-35

2）交叉式蹲姿

左、右腿在上交叉蹲下都可以，下面以右腿在上为例进行说明。右腿向左前方迈出一小步，使两腿交叠，左腿膝盖从右腿腿窝下方穿过，交叠蹲下。左脚掌撑地，右脚完全着地。右小腿垂直于地面，两腿尽量靠近，身体微微前倾，两脚合力支撑身体。双手叠放于裙边。上半身挺直，面带微笑。

交叉式蹲姿如图 3-36 所示。

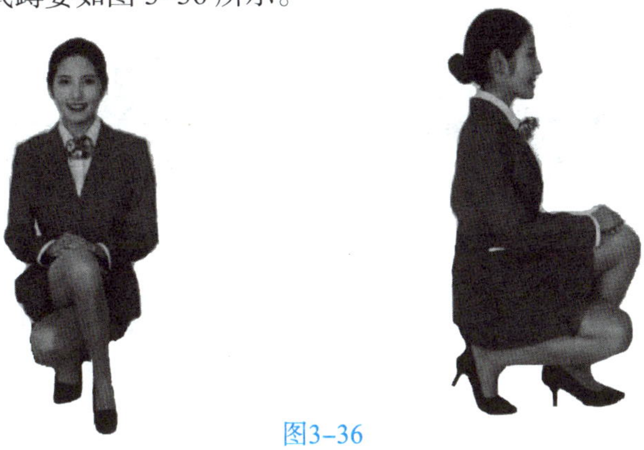

图3-36

3）点地式蹲姿

在高低式蹲姿基础上，将下方那条腿的膝盖轻触地面，形成一个支撑点，用于长时间蹲姿时。点地式蹲姿如图 3-37 所示。

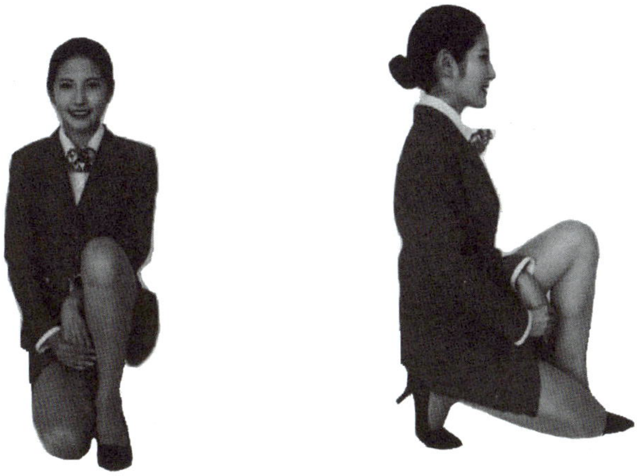

图3-37

2. 男士蹲姿

高低式蹲姿

两腿一前一后（左、右腿在前都可以，下面以左腿在前为例

43

进行说明），左腿垂直于地面，左脚完全着地。右腿膝盖低于左腿，双腿自然分开，右脚掌支撑身体，脚跟抬起。臀部向下，上半身挺直。

高低式蹲姿如图 3-38 所示。

图3-38

3.3.5 鞠躬标准

1. 常用鞠躬度数

我们常用鞠躬的度数，从小到大为 15°、30°、45°、90°。

1）15° 鞠躬

15°鞠躬礼运用在一般的应酬场合，如问候、介绍、握手、让座等场合都可以用 15°鞠躬礼。

2）30° 鞠躬

30°鞠躬礼一般用于下级给上级、学生给老师、晚辈给前辈、服务人员给来宾表示的敬意。

3）45° 鞠躬

45°鞠躬礼一般用于表达非常感谢或者表达歉意时。

4）90° 鞠躬

90°鞠躬礼是最高的礼节，这个得慎重，依场合、人物而定。

3. 民航服务行业的鞠躬

民航服务行业常用的鞠躬有以下 3 种。

1）一度鞠躬

一般用在问候时，伴随服务语言"您好"。动作要点如下：目光注视乘客，身体前倾 15°，头、颈、背部成一条直线，面带微笑。一度鞠躬如图 3-39 所示。

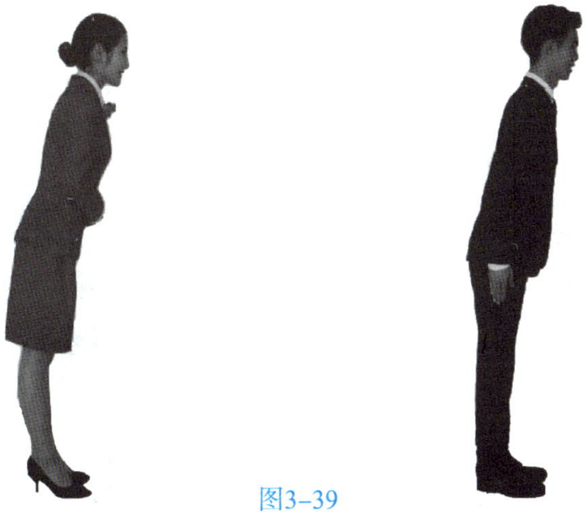

图3-39

2）二度鞠躬

一般用在自我介绍或对旅客的称赞表示衷心感谢时，伴随服务语言"欢迎光临""谢谢您的认可"等。动作要点如下：目光注视旅客，面带微笑，身体前倾 30°，头、颈、背部成一条直线，目光注视前方 1.5 m 远的地面，礼毕起身，仍然面带笑意，目光礼貌地注视乘客。

二度鞠躬如图 3-40 所示。

图3-40

■ 学习笔记 ■

3）三度鞠躬

一般用在表示非常感谢或向对方致歉时。动作要领如下：目光注视乘客，身体前倾45°，头、颈、背部成一条直线，面带微笑，目光视前方1 m远的地面。礼毕起身，仍然面带笑意，目光礼貌地注视乘客。

三度鞠躬如图3-41所示。

图3-41

3.3.6　手势指引标准

手势指引标准如下：

① 身体微微前倾；

② 五指并拢，手掌伸平，斜向上，与地面成45°；

③ 小臂与手掌成一条线；

④ 小臂下沿与手掌底部成一条线；

⑤ 视线顺序依次是客人的眼睛、指示物或方向，然后回到客人的眼睛。

标准的指引手势如图3-42所示。

图3-42

知识拓展

国内外航空公司制服欣赏

一、中国大型航空公司

1. 中国国际航空公司

中国国际航空公司乘务员制服的红、蓝套装，采用了被国际上称为"中国蓝和中国红"的明瓷中的霁红与青花两种颜色作为主色，以甜白为搭配色，体现了东方女性之美，突出了民族化与国际化相结合的特点。衣料选择了高比例的羊毛面料，不仅考虑到耐穿、舒适，还使人性化和时尚化并存，如图 3-43 所示。

图3-43

2. 中国东方航空公司

中国东方航空公司的制服，在剪裁上更注重东方女性身段玲珑的特点，海军蓝的主色调营造出稳重和专业的职业氛围，融入"祥云"纹案、中国结、8字扣等传统文化元素，点缀以正红色腰带及配饰，经典中透出热情。如图3-44所示。

图3-44

3. 中国南方航空公司

中国南方航空公司的制服，整体色系为天青蓝色和芙蓉红色，乘务长身着有蓝宝石般光泽、有纯净和透明感的天青蓝色制服，而乘务员穿着具有女性魅力的玫粉色和芙蓉红色制服。她们的上装是V字领，用浅金色线条对领边和袖口进行勾勒，下装是红、蓝斜纹面料的西服裙，既活泼别致，又显得亲切、干练、时尚、高雅。如图3-45所示。

图3-45

4. 中国海南航空公司

中国海南航空公司的制服，到目前为止已经延用了四代。第一代制服裹挟着 20 世纪 90 年代的流行元素，第二代是民族风，第三代是旗袍风，第四代是国际灰。第四代制服在贺岁片《非诚勿扰》中由舒淇穿着首次亮相，"国际灰"的形象开启了海南航空品牌视觉设计的国际化之路，如图 3-46 所示。

图3-46

中国海南航空公司携手国际知名设计师劳伦斯打造的第五代制服如图 3-47 所示，已在巴黎时装秀上亮相，使该公司成为首家登上国际时装周的中国航企。

图3-47

5. 中国厦门航空公司

中国厦门航空公司的制服采用厦航 Logo 的蓝色，三种不同明度的"厦航蓝"代表乘务员的不同岗位，由浅到深的蓝色分属于普通乘务员、客舱乘务长和客舱经理。这套空乘制服融合了复古元素与现代简约的时尚，勾勒出高雅、自信、干练的空乘形象。俏皮的小帽带有"一鹭高飞"航徽，深蓝色的宽腰带和七分袖等

■ 学习笔记 ■

设计，凸显国际气息。如图 3-48 所示。

图3-48

6. 香港国泰航空公司

香港国泰航空公司（Cathay Pacific Airways Limited，简称"国泰航空"）在过去 60 年里已改变员工制服九次，每一次换装都反映了该公司与时俱进的理念。新一代制服继续创造时尚、优雅和独特的外观，尽显现代的亚洲航空公司的尊贵品质和亲切的服务全球的传统形象，设计理念中考虑到了各工作环境，包括不同气候、文化和宗教敏感性，以及健康、安全和安全法规等。如图 3-49 所示。

图3-49

7. 澳门航空股份有限公司

澳门航空股份有限公司制服基本色调采用与该公司 Logo 相匹

配的红、蓝两色，三件套裙服配红色腰带、丝质颈巾。乘务长制服为全身蓝色，乘务员制服为上红、下蓝，冬季所着外套均为蓝色。红、蓝、白三色相间的颈巾亦与公司 Logo 的基本色相匹配。如图 3-50 所示。

图3-50

8. 台湾中华航空公司

台湾中华航空公司女性制服拥有传统旗袍高领口、斜襟、开衩元素，加上胸前红色拼贴感、肩膀弧度、X 形腰身设计，更凸显其立体剪裁不仅典雅，更有修身效果，让不同体型的女性穿起来都有完美曲线，如图 3-51 所示。男性制服也运用拼贴元素，西装外套以深铁灰为主，下半身则以亮眼宝蓝色带出时尚感，背心背面则为蓝、白相间条纹设计，凸显年轻活力。

图3-51

二、国外知名航空公司

1. 亚洲地区

1）新加坡航空公司

新加坡航空公司（简称新航）制服在过去近40年时间里以其优雅不变的形象赢得了众多乘客的青睐，其沙笼可芭雅制服由法国服装大师 Pierre Balmain 设计，以传统亚洲蜡染布料精制而成，目前已成为新航空姐的代名词，如图3-52所示。除此之外，还有三种颜色，每种颜色都代表了新航空姐不同级别。

图3-52

2）马来西亚亚洲航空公司

马来西亚亚洲航空公司，简称亚航，是马来西亚第二家国际航空公司，也是亚洲地区首家低成本航空公司。该公司空姐目前的制服是白色衬衫、红色外套与长度及膝的红色短裙，剪裁以贴身为主。如图3-53所示。

图3-53

3）印度尼西亚鹰航

印度尼西亚鹰航的空姐制服色彩生动、图案优美、质地独特，穿在身上给人以成熟、优雅的感觉。其制服主要采用了三种颜色：托斯卡绿，呈现出清新的热带风情；橙色，让人倍感温暖、友善，精力充沛；蓝色，给人以诚实可靠、平静隽永的感觉。如图 3-54 所示。

图3-54

2. 中东地区

1）阿联酋航空公司

阿联酋航空公司的制服是时尚和先进的缩影。男子穿着棕色西装，搭配奶油色的衬衫和棕白斜条的领带，女性穿着抛光棕褐色西装裙，配以奶油色的半面纱。如图 3-55 所示。

图3-55

2）卡塔尔航空公司

卡塔尔航空公司的制服来自欧洲顶级航空制服供应商 Olino，设计以简洁著称。酒红色的制服感觉沉稳大方，还显得气色超好。

■ 学习笔记 ■

如图 3-56 所示。

图3-56

3）阿提哈德航空公司

阿联酋的阿提哈德航空公司（Etihad Airways）邀请意大利的时装设计师 Ettore Bilotta 为员工设计制服。其制服以空客 A380、波音 787 飞行器客舱内饰色为基础色，浓郁棕色中添加深紫色和橙色系，精致提花更显典雅迷人。如图 3-57 所示。

图3-57

3. 欧洲地区

1）法国航空公司

颜色：制服的整个色调非常正式经典，基本色沿用法航使用了 70 余年的"法航色"，但颜色略有变化，偏蓝灰色，既符合法航全球品牌的身份，形象独特醒目，又紧跟时尚潮流，营造出精确和专业化的观感，同时，蓝灰色也显示出了一抹女性气质与柔和，适合各种肤色和发色，同时又体现了与蓝天的不解之缘。红色的出现单纯为了醒目，制服中的一些配饰，如手套、腰带选择了红色，体现了动感活力。同时，红色还被用在了机场休息厅工作人员佩戴的装饰物上，使她们在拥挤的机场里格外醒目。

风格：制服的风格融合了职业性和时尚性，女士夹克上设计了醒目的"法航"肩章，外套的轮廓呈中国式"宝塔"形状，这样的设计适合各种身材穿着。款式时髦、优雅、和谐，视觉上突出了腰部和肩部，这有助于激发着装者的自信心，并被赋予精确、严肃和专业的视觉感受，从中体现出一种权威感，特别适应航空运输业安全形象的需要。如图 3-58 所示。

图3-58

2）英国航空公司

英国航空公司的制服帅气、优雅兼备，由著名英国设计师 Julian Macdonald 设计，于 2004 年推出，如图 3-59 所示。

图3-59

第4章

民航乘务员客舱服务礼仪

4.1 起飞前客舱服务礼仪

本节介绍起飞前乘务工作流程，以及乘务员在飞行预先准备阶段、航前准备阶段的礼仪标准，为日后的工作打下坚实的基础。通过本节的学习，希望达成以下教学目标。

【知识目标】

1. 了解起飞前的阶段划分及工作流程。
2. 掌握起飞前客舱服务礼仪标准。

【能力目标】

1. 能正确说出起飞前客舱服务各环节的礼仪标准。
2. 能根据这些标准规范自己在生活、工作中的行为。

知识链接

"空姐"称呼的来历

空姐是"空中小姐"的简称，指的是航空飞机上为旅客服务的人员，也叫作"航空乘务"。如今，这个称呼已经被所有人接受，但它是从下面这次普通的对话中产生的：

1930年6月的一天，在美国旧金山一家医院里，波音航空公司驻旧金山董事史蒂夫和护士埃伦·丘奇小姐在聊天。闲谈中，史蒂夫说："航班乘务工作十分繁忙，可是挑剔的乘客还是牢骚满腹，意见不断。"这时埃伦·丘奇小姐突然插话说："先生，您为什么不雇用一些女乘务员呢？姑娘的天性完全可以胜任'空中小姐'这个工作的呀！"

"空中小姐"这一新鲜的称谓使董事先生茅塞顿开。就在10天之后，埃伦·丘奇与其他7名女护士作为世界上第一批空中小姐走上了美国民航客机。空中小姐的兴起印证了第一次世界大战后商业飞机业的繁荣。如图4-1所示。

图4-1

4.1.1　航前准备会礼仪

1. 确认飞行任务礼仪

飞行计划包括周航班计划和日航班计划。周航班计划由乘务调

57

度中心的乘务计划室于固定时间在各发布点及公司内部网站发布。日航班计划由乘务调度中心的乘务调度室于每日固定时间在各发布点及公司内部网站发布。

乘务人员应及时查阅飞行任务，提前准备，避免弄错、忘记飞行任务。次日备飞人员必须于每天固定时间主动向乘务调度室确认次日的飞行任务。

2. 航前签到礼仪

① 机组人员需在飞机起前 1 h 到乘务值班室签到或电话签到。

② 因天气等各种客观原因不能在规定时间内签到者，应提前打电话通知乘务值班员。

③ 应及时签到，不允许迟到或错签、代签。

④ 遇有多人签到时，应有序礼让。

3. 乘务员准备会礼仪

准备会是飞行前的总动员和工作检查会。参加准备会应注意见面礼仪和行为礼仪，并备齐证件。

1）见面礼仪

① 组员之间互相问候，并进行自我介绍。

② 充分尊重组员及乘务长。

③ 避免出现不言不语、冷漠无视等现象，即使第一次与组员、乘务长搭档。

2）行为礼仪

① 将飞行箱、衣袋、资料箱等按要求摆放整齐。

② 小背包统一摆放在自己身边或指定位置。落座后将《客舱乘务员手册》和其他资料整齐摆放在桌上，不闲谈，转移注意力到准备会内容上。

3）备齐证件

参加会议之前，需要检查证件是否带齐。乘务员三证包括中国民航空勤登机证、航空人员体检合格证、中国民用航空客舱乘务员训练合格证，如图 4-2 所示。还需要确保每一位乘务员都携带现行有效的《飞行乘务员手册》。

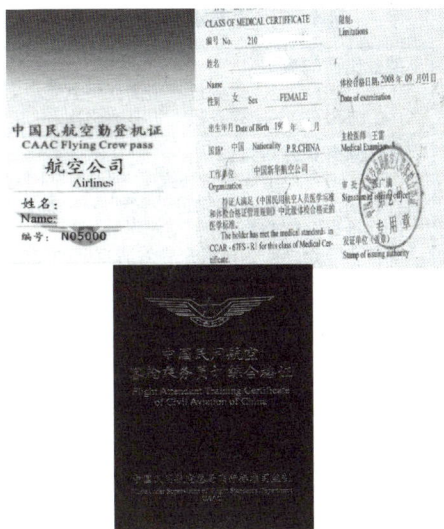

图4-2

在航前准备会上（见图4-3），需要明确以下事项：

① 将本次航班的有关信息通报乘务员；

② 通报有关安全的问题、服务的问题，如飞行时间、服务程序和工作分配等；

③ 强调乘务员形象、纪律等问题，以及公司的各项规定。

图4-3

4.1.2　航前准备会流程

航前准备会由主任乘务长主持，并请相关人员进行演示，流程如表4-1所示。

■ 学习笔记 ■

表4-1　航前准备会流程

开始准备	场景1	进入准备室	**彼此见面问候语**： （1）您好，主任乘务长，很高兴见到您。 （2）您好，主任乘务长，很高兴再次和您一起飞航班。
	场景2	仪容仪表检查	**主任乘务长开场白**： 大家好！今天非常高兴和大家一起执飞本次航班。我先作个自我介绍：我叫×××，来自乘务员管理××部。 **证照检查及仪表着装**： 准备会开始之前，请大家先看看自己的仪表、着装是否合格，再确认执照和体检合格证是否都带好了，以及是否在有效期内。近视眼的乘务员要检查确认戴好框架眼镜。
	场景3	任务书内容及职责划分	首先我给大家宣读一下今天航班任务书的情况。航班号：×××××，(代码共享的航班号是：＿＿＿＿＿,)预计起飞时间为北京时间＿＿＿＿点，预计落地时间为北京时间＿＿＿＿点，停机位在＿＿＿，今天机长的名字叫×××，专职安全员叫×××。 接下来是今天的号位职责分工，我点到的乘务员请举手示意，大家互相认识一下。2号×××；3号×××；4号×××；×××是今天航班的外籍乘务员，欢迎你的加入，你的号位是＿＿＿＿，你的工作区域在公务舱，主要负责公务舱旅客的沟通与服务，同时请协助其他乘务员与外国旅客沟通。今天的广播员是＿＿＿＿。 请确认自己的职责号位并清楚自己的职责内容。今天客人预计20位公务舱，160位普通舱。有一位要客＿＿＿＿（姓名及头衔），坐在公务舱＿＿＿座。有两名婴儿和一个儿童，请关注他们的位置并按照小旅客服务规范进行服务。
	场景4	航线信息介绍	**下面请广播员介绍一下航线信息。** ××到×××的飞行距离是8 647 km，预计飞行时间是10 h，××与×××的时差是8 h，在这条航线上，我们将飞越的国家有中国、蒙古、俄罗斯、芬兰、瑞典、丹麦、英国。飞跃的海洋有英吉利海峡。 谢谢广播员的介绍。
客舱安全	场景5	引入	安全是我们永恒的主题，是航班中的头等大事。
		应急设备检查	各位置乘务员上机后检查本区域的应急设备数量、位置及是否处于待用状态，报告给区域乘务长，再由区域乘务长向我汇报。现在请2号乘务员带领大家复习一下机上应急设备的用法，也请你介绍一下海伦灭火瓶的使用方法和注意事项。 **2号乘务员介绍**： （1）飞行前检查：在指定位置并固定好；压力指针指向绿色区域；安全销穿过手柄和触发器，铅封完好。 （2）海伦灭火瓶的使用步骤如下： ①右手握住手柄，左手转动并拔出安全销，垂直握住瓶体； ②距离火源2~3 m，对准火源底部，按下触发器，移动灭火； ③喷射时间：10 s。 （3）注意事项：适用任何类型的火灾；灭火瓶体不要横握或倒握；不能对人体面部喷射；灭火后，应将火区用水浸透（电器失火除外）；使用后填写《客舱记录本》。
		上机后清舱	我们应在上客前协助保卫员做好清舱工作。厨房里的所有格子和餐车都要打开仔细检查，完成检查后，旅客登机前向我汇报。
		应急出口介绍	另一项重要工作就是应急出口的介绍。要确认坐在出口座位的旅客有无作援助者的能力，如果没有，及时调换座位。下面请7号乘务员讲一下向旅客介绍应急出口的标准用语。 **7号乘务员介绍**： 您坐的是应急出口的座位，相关规定请您阅读《出口座位须知卡》，请协助我们的工作，正常情况下请勿触动舱门，如有疑问，请及时和我们联系，谢谢！
		分离器操作	下一个重点关注项是分离器的操作，一定要听口令按步骤操作，并交叉检查。

续表

■ 学习笔记 ■

客舱安全	场景5	反劫机预案	关于反劫机预案，在发生紧急情况时，我们与驾驶舱的联络暗号是（航班号/报自己名字/……），上飞机后我再跟机长和保卫员确认一下，如有变化，我会及时通知大家。今天的保卫员是 ___，你有什么需要提示大家的吗？ **保卫员**：机上反劫机的根本原则就是确保人机安全，一旦发生劫机，把劫机者尽量控制在远离驾驶舱的区域，还要注意观察有无同伙及武器并及时报告。在前舱工作的乘务员一定要注意进入驾驶舱时有无尾随者。
	场景6	客舱安全检查	下面由 4 号乘务长讲一下客舱安全检查的要求。 **4 号乘务长**：起飞、落地前的安全检查一定要仔细。通道和出口处严禁放行李，监控好行李架内行李的摆放。厨房内的餐车、供应品箱等一定要锁好、扣好。起飞、下降时关闭厨房电源。起飞、落地时我们要监控好客舱。如果发现在飞机停稳之前有人起身开行李架，一定要及时广播制止。
		安全服务要点	下面由 6 号乘务长介绍一下服务的安全注意事项。 **6 号乘务长**：① 遇有颠簸时及时广播并确保自身安全。 ② 送热饮时一定要当心，并及时提醒旅客小心。 ③ 时常查看洗手间，以防有旅客在内吸烟。如果查到了吸烟旅客，应迅速找出烟蒂并及时清查废物箱。
		安全提问	下面问大家几个问题： ① 烤炉失火怎么处置？ ② 请说一说无准备的应急撤离程序。 ③ 应急发射机怎么使用？
	场景7	迎客	下面，我们重点关注服务环节，当旅客登机时，我们要微笑得甜美、自然，给旅客留下良好的第一印象，主动引导入位，帮助提放行李。
		特殊旅客服务	下面请 2 号乘务长跟我们分享一下特殊旅客的服务经验吧。 **2 号乘务长**：对于一些特殊旅客，我们要格外注意，像 VIP、CIP 旅客、轮椅旅客、婴儿、用特殊餐食的旅客等。拿到特服通知单后，尽量在起飞前对这些特服对象进行落实，并确实提供相应的帮助。在为这些人提供服务的同时，也要关注他们周围旅客的感受，不要让旁人有受冷落之感。
		细节服务	细节服务就由我们的两舱乘务员介绍吧。 **两舱乘务员**：服务要关注细节。两舱要提供姓氏服务及个性化服务。起飞前向客人询问用餐时间，提供个性化餐饮服务。经济舱的细微服务可以表现在为正在阅读的旅客打开阅读灯，为正在睡觉的旅客盖上毛毯等。对由于睡觉而耽误用餐的旅客要多注意，及时提供餐饮服务。
		沟通交流	在航班中，沟通是非常重要的（无论是乘务员之间，还是乘务员与旅客之间）。不管发生了什么事，都可以通过沟通找到更好的解决办法。
		餐食供应	厨房乘务员，请你给大家介绍一下航班的配餐情况。 **厨房乘务员**：配餐情况是（餐饮类别请乘务组具体落实）
		免税品销售与客舱环境	6 号乘务长，请讲一下免税品销售和客舱环境的要求。 **6 号乘务长**：请大家积极参与免税品的销售，并做好销售期间的客舱服务工作。另外，我们还要注意保持客舱环境的整洁，经常清理清理通道里的碎屑，特别是开餐前。要始终保持洗手间的整洁，及时添加卫生用品。值班时一定要确实负起责任来，每隔 30 分钟给旅客们加遍水。
		回收交接	交接单要填写清楚。要给回程留够至少一半的量。落地前把需要回收和铅封的箱、车都签好，厨房收拾干净。
结束语	场景8	案例分析	下面由带班乘务长进行一个案例分享。 代班乘务长案例分享……
		提醒与问题	我们就准备到这儿吧，看看大家还有什么问题或建议？ 2、4、6 号乘务长还有什么要补充的吗？ 其他人呢？

4.1.3 乘坐机组车礼仪

机组车是乘务员从航前准备会地点出发前往候机楼专用的摆渡车。与乘务员同车的通常还有机长、副驾驶等机组人员。乘坐机组车的礼仪要求如下：

①乘务员上下车时，应互相照应，互相协助拿行李（见图4-4）；

②行李箱需依次摆放整齐，勿妨碍他人同行；

③上车后从后排座位就座，依次向前，将前排座位留给机长和其他飞行员；

④上车后，应主动向司机致意，表达感谢；

⑤下车时，应让机长等其他人先行。

学习笔记

图4-4

4.2 客舱迎送礼仪

客舱迎送礼仪，是乘务员在机舱门口及客舱内迎送旅客，对旅客登机或离机表达敬意的仪式。

迎客是客舱乘务员与旅客第一次正面的交流，而送客是客舱乘务员再次向旅客表示感谢，二者构成完整的服务礼仪。通过本节的学习，希望能达成以下教学目标。

【知识目标】

1. 了解登机服务的问候礼仪。
2. 了解离机服务的问候礼仪。
3. 掌握协助旅客安置座位、行李礼仪。

【能力目标】

1. 熟悉登机服务各环节的工作内容。
2. 熟练掌握客舱迎送服务礼仪。
3. 能根据这些礼仪标准规范自己的行为。

■ 学习笔记 ■

客舱迎送礼仪主要由乘务员仪表、仪态、目光、微笑、称谓与问候、鞠躬致意等礼仪元素构成。掌握乘务员起飞前客舱服务技能，熟知客舱服务基本规范及客舱服务管理，是每一个乘务员必备的技能。

4.2.1　迎客登机服务礼仪

1. 迎客

当旅客出现前，乘务员应各就各位，整理好仪容、仪表，采用标准站姿，准备迎客。如图 4-5 所示。

图4-5

2. 进舱

当旅客进舱时，乘务员应面带微笑，主动问候，与旅客有目光接触，并轻声致意"欢迎登机！"如图4-6所示。

图4-6

服务中需要使用积极健康、专注诚实、坚定友善的目光，以此来赢得旅客的信赖。注意事项如下：

① 避免左顾右盼、上下打量、挤眉弄眼，或者逃避对方的目光；

② 与旅客谈话时目光一定要注视旅客，不要东张西望、心不在焉、玩手里的东西或者不停地看手表，这些都是很不礼貌的行为；

③ 和异性交流时应选择尊重、有礼貌的目光。

知识链接

散点柔视技巧

相距1.5 m以内时，目光注视点在眉、眼与口部之间的"小三角"区域。

相距3 m以内时，目光注视点在肩部以上，即头顶至双肩的"大三角"区域。如图4-7所示。

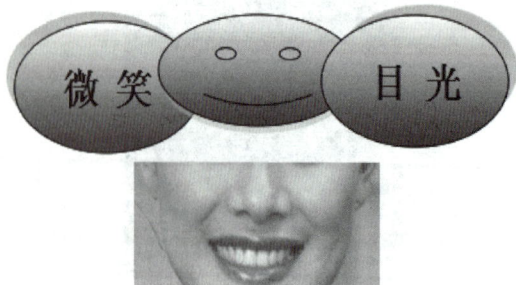

图4-7

3. 接收登机牌

接收登机牌时，乘务员要重点查验旅客航班号码、乘机日期及座位号码，避免旅客搭错航班。

1）接收式

双手接过登机牌，面向旅客，含笑致意，如图 4-8 所示。

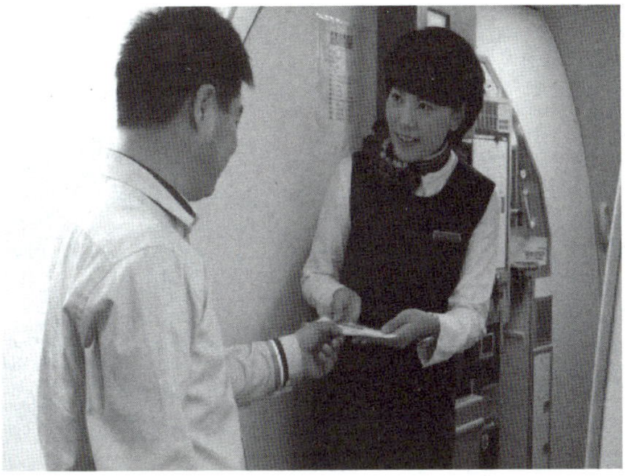

图4-8

2）示意式

单手接过登机牌，另一只手示意旅客座位方向，如图 4-9 所示。

图4-9

■ 学习笔记 ■

4.2.2　起飞前客舱服务礼仪

■ 学习笔记 ■

1. 为旅客指引座位

乘务员依据旅客座位号码，手势指向座位区域，如图4-10所示。应手指并拢，忌单指指座位。

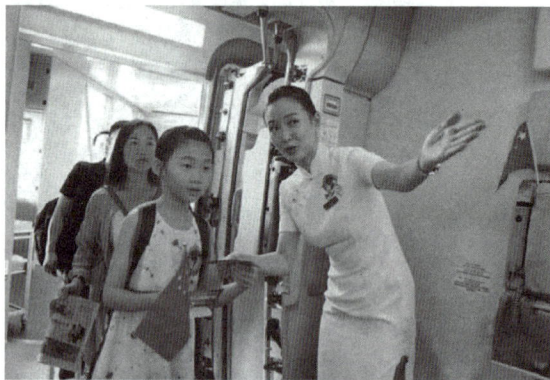

图4-10

2. 安置行李

乘务员应主动协助旅客安置行李，遇有大件行李或沉重行李时，不宜直接拒接旅客，应与周围旅客或同事一起协助其安置行李。如图 4-11 所示。

图4-11

4.2.3　客舱送客礼仪

当飞机落地后，乘务员应站立在客舱内靠近乘务员座椅处，保持标准站姿，注意避让客舱通道，与旅客有目光接触，微笑与旅客道别："谢谢，再见！""欢迎下次乘机！"如图 4-12 所示。

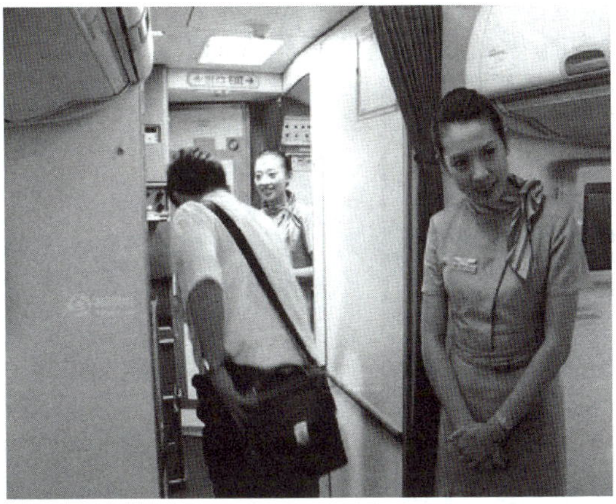

图4-12

4.3　机上餐饮服务礼仪

规范的端、拿、倒、送是对航空公司机上服务人员服务技能最基本的要求，作为一名合格的空中乘务员，在完成此项工作时应该做到动作精准、技能娴熟、递拿规范、仪态优雅。

本节介绍具体的机上餐饮服务礼仪，希望能达成以下教学目标。

【知识目标】

熟悉端、拿、倒、送、收、放、推、拉服务规范。

【能力目标】

1. 能正确说出客舱餐饮服务的礼仪标准。
2. 能正确说出特殊餐食的服务礼仪标准。
3. 能根据这些标准规范自己的行为。

4.3.1 常规餐饮服务标准

1. 餐饮服务端盘子的标准

① 托盘要竖着端， 四指并拢托住盘子的下部，拇指扶在盘子的外沿，如图 4-13 所示。

② 在客舱内托盘高度不宜高于旅客肩膀。

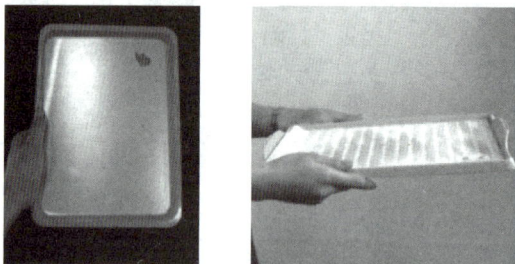

图4-13

2. 餐饮服务拿物品的标准

① 拿取杯子时拿杯子下部的 1/3，如图 4-14 左图所示。

② 拿饮料杯时应拿饮料杯的下半部，忌图 4-14 中图、右图拿饮料方式。

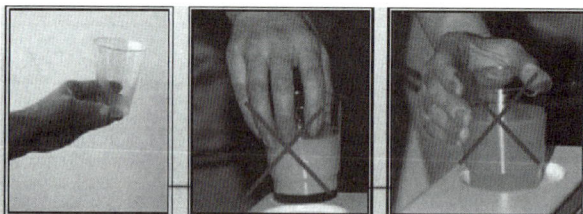

图4-14

③ 手拿热水壶时应借助小毛巾保护自己，壶嘴朝向通道，如图 4-15 所示。

图4-15

3. 餐饮服务倒饮料的标准

① 饮料应倒至杯子的七成满处，如图 4-16 所示。

② 倒带气的酒或饮料时，应将杯子倾斜，以免泡沫溢出。

③ 小旅客的饮料应倒至杯子的五成满处，并交于监护人手中。

④ 倒热饮时应借助小毛巾，以免烫伤。

图4-16

4. 餐饮服务送物品的标准

① 从前至后，先里后外，先左后右，先女宾后男宾。

② 发送物品时乘务员应面向旅客。

③ 身体面向旅客约 45°，托盘始终保留在通道，如图 4-17 所示。

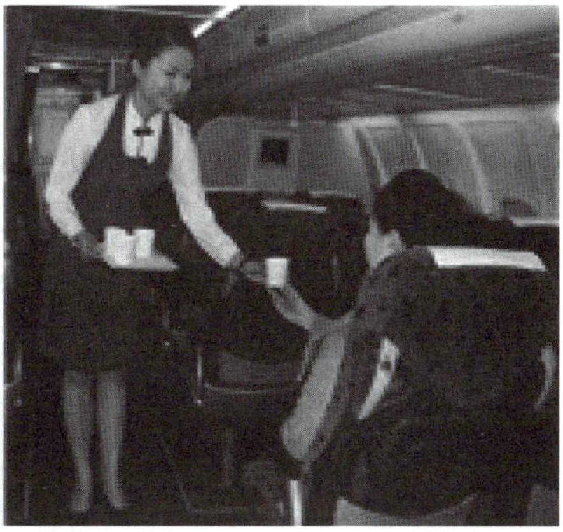

图4-17

④ 餐盘内，杯把调整到与旅客右手 45° 方位，热食面向乘客，如图 4-18 所示。

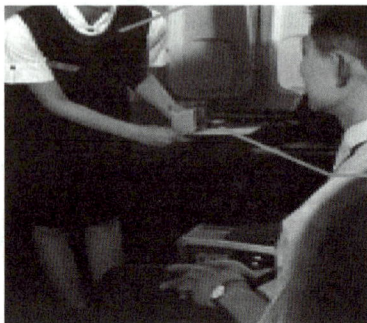

图4-18

⑤ 沿着桌面送餐盘给旅客，如图 4-19 所示。切勿从头顶上方传递餐盘。

图4-19

5. 客舱服务收和放的标准

1）收的标准

收取杯子时，应将杯子从靠近身体的一侧逐步向外摆放在托盘中，如图 4-20 所示。

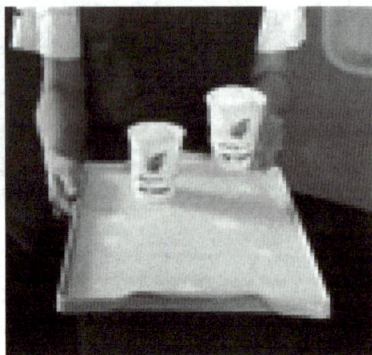

图4-20

2）放的标准

① 基本标准是轻、稳、准。

② 收取物品时应随身携带小毛巾。

③ 收回的餐盘应从餐车的上部开始逐层向下插放，如图4-21所示。

图4-21

④ 5个空杯子可以摞在一起，如图4-22所示。

图4-22

6. 客舱服务推和拉的标准

推车时，双手扶住车的两侧；拉车时，双手抓住手柄。如图4-23所示。

推、拉餐车的注意事项如下：

① 双手五指并拢，扶在餐车两侧，两臂不得撑在车上；

② 推动餐车前进时应掌握好方向，速度适宜；

③ 提醒旅客注意安全（如旅客的脚、座椅扶手）："餐车通过，请注意。"

④ 倒拉餐车的乘务员需特别注意脚下、身后的障碍物等。

■ 学习笔记 ■

71

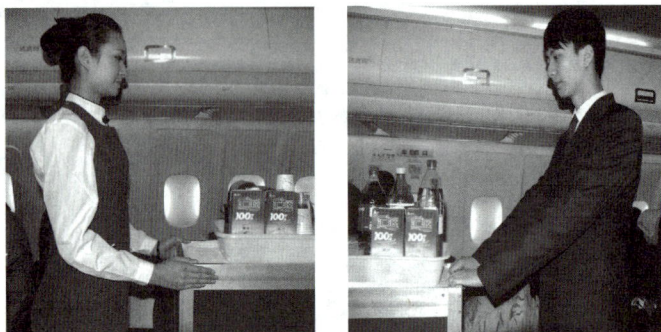

图4-23

7. 提供餐食的服务标准

① 面向旅客，左手送左侧的旅客，右手送右侧的旅客，避免手臂交叉。

② 按照从前到后、从里到外、先女宾后男宾的顺序提供餐食。

③ 将放有热食的餐盘一侧面向旅客递送："这是鸡肉米饭 / 牛肉米饭 / 面条，请慢用。"如图 4-24 所示。

图4-24

8. 回收餐具的服务标准

1）询问乘客

45°面向乘客，身体略向前倾，面带微笑，目光注视旅客："女士 / 先生，您是否还需要使用？"

2）回收餐盘

一般使用空餐车回收，未使用的餐盘摆放在餐车的最上部，使用过的餐盘摆放在餐车的下部，如图 4-25 所示。

图4-25

4.3.2　特殊餐食分类及服务礼仪

1. 特殊餐食预订

1）预订渠道

① 航空公司直属的售票处。

② 授权的机票代理商。

2）预订时间

航班起飞前至少 24 h（含）。

2. 特殊餐食分类

特殊餐食分素食餐、病理餐、儿童餐 3 类，如表 4-2 所示。

表4-2　特殊餐食分类

	中文名称	代码	餐点内容说明	图示
素食餐	印度素食（亚洲素食）	AVML	一种印度式的素食餐，不含肉类、鱼类、猪油及动物胶或蛋类，但可含少数乳制品	

■ 学习笔记 ■

中文名称	代码	餐点内容说明	图示
印度纯素	VJML	一种印度素食,不含肉类、鱼类、海鲜、蛋与根茎类蔬菜,例如姜、蒜、洋葱、马铃薯等	
西方纯素(无奶蛋)	VGML	严格西式素食,不含肉类、鱼类、蛋或乳制品、蜂蜜、猪油、动物胶及其制品	
西方素(含奶蛋)	VLML	乳蛋类素食,不含肉类、鱼类、猪油及动物胶,但可含乳制品,如干酪、牛奶及鸡蛋等	
东方素	VOML	中式素食,不含肉类、鱼类、海鲜、乳制品、蛋、大蒜、洋葱、青葱、韭菜及其他香辛类蔬菜	
印度餐	HNML	不含任何形式的牛肉、猪肉或未煮过的鱼及熏制的鱼,但可含羊肉、家禽肉、其他鱼类及奶类制品	

(素食餐)

续表

	中文名称	代码	餐点内容说明	图示
素食餐	犹太餐	KSML	根据犹太人律法制备的餐点	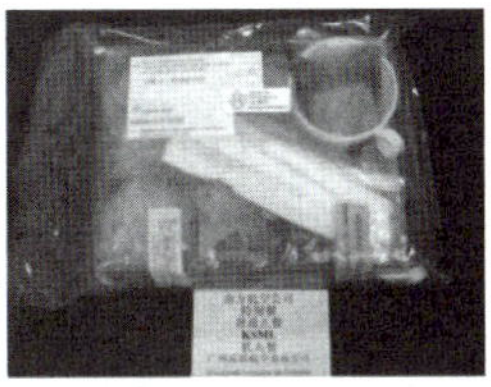
	清真餐（回教餐、伊斯兰餐）	MOML	严格禁止猪肉及其制品或任何形式的酒精。清真餐内容可以是海鲜类、蔬菜类及水果类	
病理餐	温和餐（清淡餐）	BLML	为肠胃不适患者准备的食品，避免刺激性食品，烹调方式以蒸、烤及煮为主。禁用油炸食品、全麦食品、种子类食品、高纤维蔬菜水果、核果类食品，不用刺激性调味品（黑胡椒粉、辣椒粉）、酒类及咖啡因	
	糖尿病餐	DBML	为糖尿病患者准备的食品，以无糖、低脂肪、高纤维食物为主，可使用瘦肉或去皮家禽肉、鱼肉、海鲜、高纤维食物。禁用油炸食物	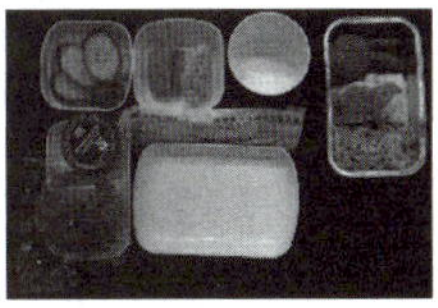
	无麸质餐	GFML	专对麸质过敏者所准备的特别餐，可使用水果、蔬菜、肉类及鱼类。淀粉类食材可使用西谷米、玉米粉、树薯粉、马铃薯粉、大豆粉。禁用小麦面粉、面包、燕麦、裸麦、蛋糕、香肠、核果类及其制品	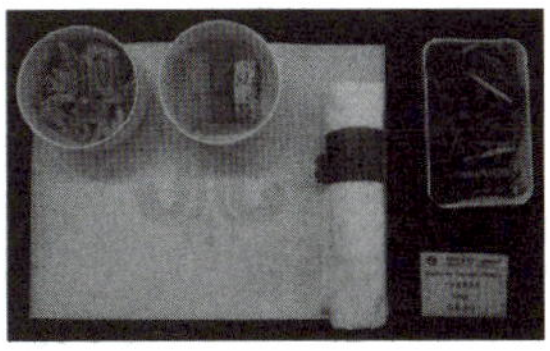

■ 学习笔记 ■

75

■ 学习笔记 ■

中文名称	代码	餐点内容说明	图示
病理餐	低卡路里餐	LCML	为饮食需要限制热量摄取客人所准备的食品，以低脂、高纤维食物为主。使用低脂乳制品，尽量使用高纤维食品，如蔬菜、水果及五谷杂粮类。禁用油炸食品、糖及糖制品、重口味的甜点	
	低脂肪餐	LFML	为饮食需要限制脂肪摄取的客人所准备的食品，利用水煮、蒸、烤方式烹制，使用高纤维食品，如新鲜蔬果、全麦面包、谷类。避免在制备时加脂质及油脂，不用汤汁、酱汁、蛋黄、内脏、虾、乌鱼、龙虾、鱼子酱、鱼卵、螃蟹等食物。禁用油炸食物、加工肉及芝士	
	低盐餐	LSML	为饮食需要限制钠摄取客人所准备的食品，禁用盐、味精、盐腌渍物、烟熏物、沙拉酱、芝士、肉肠、罐头食品、一般面包、苏打粉、香肠、罐装肉、腌制品、橄榄、鳀鱼、肉汁、酱汁、酱料、酱油、烤肉酱、西红柿酱、芥末酱、肉汁、调味料及大蒜、洋葱	
	低乳糖餐	NLML	为腹泻或先天对乳制品过敏者准备的食品，最好使用新鲜蔬菜、水果。如要使用冷冻蔬菜、水果，最好确认外包装成分。咖啡用的鲜奶油，要确认其成分不是牛奶。避免焗烤之烹调方式。禁食乳制品、饼干、牛油、布丁、奶油浓汤、巧克力、太妃糖、牛奶糖	
	流质餐	LQML	为肠胃不适的病人准备的食品，包含流质汤、果汁、蛋羹、菜茸等	
儿童餐	婴儿餐	BBML	为2岁以下婴幼儿准备的食品。婴儿因未能进食固体食物，所以多为奶粉、水果泥、蔬菜泥等。其中奶粉又区分不同婴儿阶段	

续表

	中文名称	代码	餐点内容说明	图示
儿童餐	儿童餐	CHML	专为 2~12 岁儿童而设的餐点	
	水果餐	FPML	专为 2~12 岁儿童准备的水果餐点	
	海鲜餐	SFML	专为 2~12 岁儿童准备的海鲜餐点	

3. 特殊餐食服务礼仪标准

① 确认特殊餐配备及存放位置。

② 根据旅客信息单确认旅客姓名、座位及餐食种类。

③ 优先于其他餐食送出。

学习笔记

知识拓展

主要客源国饮食风俗介绍

一、欧美国家

1. 英国

英国人很会保养，早上一睁眼就先喝“被窝茶”，以它冲去睡意后，麦片、牛奶、果汁、黄油点心、三明治、煮鸡蛋等都被逐一享用。英国人的午餐、晚餐一般为二菜一汤，牛肉、羊肉、鸡鸭、鱼等搭配使用，外加点心、水果和咖啡。

一日三餐，英国人并不要求数量，但绝对讲求质量。要求清淡、鲜嫩、焦香，不要辣的，而且各种调味品一应俱全，自由挑选以配合自己的口味。

一日三餐外，英国人十分讲究"午后茶"。公司机关每天下午4点半免费供应红茶，另加白糖、牛奶或少许点心。

在上层社会，邀请朋友饮茶（见图4-26）仅次于设宴，是一种社交方式。

图4-26

2. 法国

从17世纪起，所谓西餐一般指的都是法国菜。

法国人喜欢吃肥嫩的猪、牛、羊肉和各种香肠、虾、鱼、蛋、禽、牡蛎、蜗牛及新鲜蔬菜。烹调中喜欢以大蒜、香草、番茄、丁香等为配料，花色、品种繁多，他们和英国人一样爱喝清汤。

法国是名酒白兰地、香槟的故乡。他们喝酒很讲究，一般吃肉类和家禽用舍利酒、麦台酒；吃野味用红酒；吃海味则饮白兰地；喝汤时配葡萄酒；各种水果和点心大都配甜酒。如图4-27所示。

图4-27

3. 德国

德国人用餐最符合营养学家关于"早吃好，午吃饱，晚吃少"的建议。他们一向对早餐、午餐较重视，晚餐较简单。

像其他欧洲国家一样，德国人喜欢吃猪肉、牛肉、鸡鸭和野味，

以及蛋糕、甜点和各种水果，尤其爱喝啤酒（见图4-28），慕尼黑是世界闻名的"啤酒城"。

德国人不大吃鱼、虾及海味，而且有一种吃鱼时不说话的风俗。他们也不喜欢过于浓厚、辛辣的食品，更忌食核桃。

德国人在吃晚餐时喜欢关掉电灯，只点几根小蜡烛。

■ 学习笔记 ■

图4-28

4.意大利

意大利人饮食的一个主要特点是把各种面食（如葱卷、馄饨、通心粉、炒饭等）当菜用，而不当粮食用。

吃意大利通心粉（见图4-29）的时候，千万不要用餐刀把通心粉割成小段食用，也不要用匙把粉送入口中，最合理的方法是用叉子把通心粉卷成团再吃。

图4-29

此外，值得一提的是意大利的一种很有名气的面食——比萨饼。它是用发酵的白面烤成的，上面带馅，其在意大利普及的程度，就像油条、麻花在中国一样。

5. 美国

由于历史原因，美国人和英国人的饮食习惯接近，而且美国人也讲求质量，不要求数量。

美国人一般不在厨房中用调料，而像英国人一样把各种调料一古脑儿地放在餐桌上，请君自便。

美国人也是很讲究味道的，要清淡不腻、咸中有甜。

除此之外，美国人爱喝矿泉水、可口可乐、啤酒等饮料。而威士忌、白兰地等酒类平时则当茶喝，这一点和英国人不同。

美国人十分讲求时间和效率，因此，快餐业便应运而生。美国快餐中最受欢迎的食品是"热狗"、汉堡包和炸面包圈等。如图4-30所示。

图4-30

二、东欧国家

1. 俄罗斯

俄罗斯人的主食一般以面食为主，喜欢吃鱼、蛋、鸡、虾、猪肉、牛肉，以及土豆、黄瓜、萝卜、洋葱等蔬菜。

俄罗斯人喜欢吃酸味食品，例如酸奶、酸黄瓜，喜欢焖、煮、烩的菜，炸、烤也可。俄罗斯人还喜欢吃用鱼肉、各种肉末、鸡蛋和蔬菜制成的包子，特别喜欢吃鲱鱼、鲑鱼、鳟鱼、烟熏过的咸鲤鱼等制成品及部分海味。但是，肉类、家禽等菜肴和各种肉饼，非要烧得很熟才吃。也许是由于气候关系，俄罗斯人口味重，食物一般都比较咸，并且油腻。

俄罗斯人很重视早、中餐，晚餐较简单。午餐要有汤，晚餐

则不必。但是午餐、晚餐都少不了冷盘。

俄罗斯人酒量都很大，爱饮烈性酒，伏特加就是他们最爱饮的烈性酒之一。如图 4-31 所示。

图4-31

2. 波兰

① 波兰人临海却不爱吃虾及其他海味。

② 波兰人对于酸辣、油腻食品也是敬而远之。

③ 波兰人特别忌食动物内脏，肝除外。

3. 匈牙利

① 匈牙利人喜欢吃猪肉、牛肉及蛋类、鸡肉、鸭肉、鹅肉、鱼肉和猪肉、牛肝。喜欢吃香蕉等热带水果，爱喝葡萄酒、啤酒。

② 匈牙利人喜欢油腻、甜而微辣的菜，汤中爱放辣椒粉，饭宴常以喝光咖啡作为结束。

③ 匈牙利人不吃奇形怪状的食物。

④ 匈牙利人除夕夜最忌讳吃鱼类和飞禽类食品。

4. 保加利亚

① 保加利亚人早餐爱喝酸牛奶，重视午餐，茶量很大，但不喝汤，口味喜辣、较咸且油腻。

② 保加利亚人对中国菜很感兴趣，像辣白菜、辣子肉丁、青椒肉丝、干烧明虾等他们都很爱吃。

■ 学习笔记 ■

■ 学习笔记 ■

5.罗马尼亚

①罗马尼亚人主食为面食，偏重辣味，蔬菜一般爱用奶油烧。

②罗马尼亚人一年四季都离不开清凉饮料，喜欢汽水、啤酒、橘子汁等，盛夏时节饮料必须冰镇。

三、亚洲国家

1.日本

当今日本的饮食方式有3种：传统饭菜（又称和食）、中国饭菜（又称中华料理）和西餐（又称洋食）。

日本人早餐喜欢喝粥、牛奶，再配上面包。午餐和晚餐的主食则为米饭。他们喜欢吃瘦猪肉、牛肉、羊肉、鸡肉、蛋、笋、豆腐和各种新鲜蔬菜。

日本人对鱼、虾、蟹、蛎、海带等海味都格外青睐，尤其是生蛎肉、生鱼片。

在用餐中，日本人对筷子的用法很讲究，如图4-32所示。有忌八筷之说，比如忌舔筷、忌移筷、忌插筷、忌掏筷、忌跨筷、忌别筷。

在同日本客人进餐时，要用公用筷子给大家夹菜，切忌将筷子垂直插在饭菜中。

日本人一般饭前要喝杯清茶。他们十分重视茶道、茶礼。由于茶道的仪式十分烦琐，精于茶道便被认为是身份、修养的绝好表现。

图4-32

2. 韩国

韩国人称自己的料理为"韩食"，主要分为烤肉料理、汤、火锅料理及蔬菜料理。韩国人的日常饮食是米饭、泡菜、大酱、辣椒酱、咸菜、八珍菜和大酱汤，常采用家常蔬菜或海滨鲜食入馔，并以五谷为主食，利用色调取悦食客，辅以鲜辣味道引发食欲，再配以特色酱料增加食味，展示了富有风味的乡土料理。其中，泡菜、石头火锅、韩国烤肉、人参鸡等，都是非常具有特点、广为人知的菜品。

韩国餐饮受古代皇宫生活方式的影响，比较注重形式（见图4-33），讲究餐具。在韩国，即使是一般家庭，也会使用精美的不锈钢筷子、铜碗等餐具。韩国人在用餐途中，还特别讲究礼仪，比如说与长辈一起用餐时，长辈先动筷子后晚辈才能动筷；不能把匙和筷子搭放在碗上，不能端着饭碗和汤碗吃饭，等等。

图4-33

3. 泰国

泰国人早餐喜欢吃猪油糕（见图4-34）、甜面包、水饺、沙丁鱼、汤面、西式点心、多士煎蛋，喝鸡粥、牛奶或咖啡。

泰国人日常生活中以米为主食，爱吃鱼类，但不吃海参。

泰国人喜欢喝葡萄酒、橘子汁，对我国的川菜及粤菜都有兴趣。

图4-34

4. 缅甸

缅甸人对中西餐都较喜欢。

缅甸人日常以牛肉、鸡、鸭、鱼、虾、鸡蛋和各种蔬菜为主，中餐尤要清淡的蔬菜。

缅甸人口味清爽、酸甜，调味常用咖喱、辣椒油等，尤其是辣椒油，餐餐必备。饭后要喝红茶和咖啡。

缅甸人不吃动物内脏，也不吃猪肉，还有些人不吃四条腿的动物。

5. 菲律宾

菲律宾人的口味与我国广东地区的口味接近，喜欢吃对虾、生菜、鸡等，口味微辣。

6. 柬埔寨

柬埔寨有许多人信仰佛教，忌杀生，所以珍视一切动物，很少食动物类食品，一般喜欢吃素。

柬埔寨人吃饭很有意思，喜欢席地而坐，以手抓饭。

7. 老挝

老挝人口味接近广东人，一般都很喜欢吃豆腐和鱼肉、鸡肉、羊肉、猪肉、牛肉等。

老挝人早上爱吃豆沙包，喝甜粥；中午喜欢吃香酥鸡；晚上喜欢吃什锦菊花火锅，少喝酒。

8.新加坡

新加坡多华人，因而口味与我国闽、粤一带相似。

新加坡人以米饭、包子为主食，爱吃炒肉片、炒虾仁、油炸鱼等。

9.印度尼西亚

印度尼西亚人早餐喜欢吃西餐、喝鲜橘子汁。午餐、晚餐吃中国菜。

印度尼西亚人主食为大米，一般爱吃辣的、炸的和较干的菜，特别爱吃动物内脏，如炸牛肚、炸肠、炸鸡肝等。

印度尼西亚人烹调方法以烤、炸、煎、爆、炒为主，喜欢脆、酥、甜、酸、香，忌食猪肉。口味很像我国山东人。

印度尼西亚人常用饮料为红茶、果酒、葡萄酒、香槟酒，不饮烈性酒，而且在国庆节和其他重大节日也都不饮酒。

10.越南

越南人喜欢吃鱼、虾、蟹、海参、鱼翅、广肚及其他海味和粉丝、通心粉、西红柿等，不爱吃甜点、羊肉、豆芽。

越南人早餐一般吃馄饨、咸包子。午餐、晚餐主食为大米饭，要求肉少菜多，口味清淡，平时以茶及咖啡为主要饮料。

四、伊斯兰教国家

信奉伊斯兰教的国家，他们的饮食习俗基本相同，这种饮食习俗的形式与伊斯兰教的教规有关。

在《古兰经》中明文规定，凡是死物、血、猪肉及非诵安拉之名宰杀的牲畜、禽类等4类为禁食物。

在伊斯兰国家，左手被视为"不洁"，因而吃饭时忌讳用左手。给客人端水、递茶也绝对不能用左手，否则会被认为对客人的不敬。

五、非洲国家

由于历史的原因，非洲一些国家的饮食习俗和他们原来的宗主国十分相似。

■ 学习笔记 ■

非洲人很喜欢西欧菜式，爱吃龙虾、牛肉、猪肉、鱼、鸡、花生等；爱喝咖啡和可可，口味较清淡。

在非洲，有些国家还有饮生水、吃生肉的习俗。典型的要属埃塞俄比亚，每逢节日或婚丧嫁娶，他们都要举办生肉宴。

■ 学习笔记 ■

第5章

民航地面服务人员服务礼仪

5.1 候机楼服务礼仪

航空公司的地面工作，按照旅客的行程路径，可分为问询、售票、值机（国际值机和国内值机）、安检、登机口服务、VIP客服、到达厅服务等岗位。

熟练掌握民航地面服务各岗位的服务礼仪标准，是对地面服务人员的最基本要求。本节介绍地面服务各岗位的工作内容，以及相关服务环节的礼仪标准。通过本节的学习，希望能达到以下教学目标。

【知识目标】

了解问询、售票、值机、安检服务礼仪标准。

【能力目标】

1. 熟悉地面服务各环节的工作内容。
2. 掌握民航地面服务人员应实施的服务礼仪标准。
3. 能根据这些标准规范自己在工作和生活中的行为。

航空公司地面工作内容如下：①在机场柜台办理旅客报到、检查证件、行李过磅、座位分配及出票（即为旅客更换登机牌）；②在候机室内引导旅客通关、候机、登机并提供广播服务，提醒旅客登机及贵宾服务工作，或广播寻找已报到未登机的旅客。另外，勤务人员还须与空中厨房联系餐点，负责失物寻查及旅客申诉。

5.1.1　候机楼问询服务

问询服务能为旅客提供诸如航班信息、机场交通、候机楼设施使用等多种服务，往往能直接解决旅客在旅行过程中遇到的许多麻烦，或能为旅客解决问题指明方向。

1. 问询服务概述

1）问询服务分类

候机楼问询服务根据提供方式的不同可分为现场问询和电话问询：

① 现场问询是指在候机楼设立专门问询柜台向旅客提供服务（见图5-1）；

② 电话问询还分为自动语音应答问询和人工电话问询。自动语音应答问询是由旅客根据自动语音提示进行操作，能快速、高效地解决常见的问题；人工电话问询则主要用来解决旅客提出的一些比较特殊或非常规的问题。

图5-1

2）问询服务的"首问责任制"

问询服务实行"首问责任制"，即旅客求助的第一位工作人员有责任在第一时间确保准确答复，或在有效解决问题的前提下提供优质服务，否则必须将用户指引到能提供有效服务的单位或岗位。

3）问询岗位知识要求

问询岗位的服务人员需要具备较为全面的民航相关知识才能为旅客提供全面、优质的问询服务。其知识要求主要包括：

① 熟悉民航基础知识；

② 掌握民航相关的法律法规及政策；

③ 熟悉国内、国际旅客行李运输及客票业务的相关知识；

④ 熟悉机场旅客服务的基本业务流程；

⑤ 了解安全检查及联检单位的基本业务知识；

⑥ 掌握机场交通状况及当地基本地理状况。

2. 现场问询服务礼仪——"三声"服务

机场问询能为旅客提供诸如航班信息、机场交通、候机楼设施使用等一揽子问询服务，如图 5-2 所示。

图5-2

1）迎接旅客——来有应声

① 接待旅客问询实行站立式服务，旅客到达问询柜台，工作人员应面带微笑，提供主动式服务，如："您好，请问有什么可以帮到您的？"

② 如柜台前无旅客问询，工作人员可坐下等待，坐姿应端正。

2）解决问题——问有答声

① 与旅客沟通时要认真倾听，不打断旅客讲话，注意旅客的身体

语言，了解旅客真实、全面的需求。

② 与旅客交谈时，眼神要亲切柔和、友善专注，保持目光交流，切忌上下反复打量对方。

③ 与旅客交谈时要做到口齿清晰、语速适中、语言简明清晰，尽量使用通俗易懂的语言，避免使用专业术语等特殊用词。

④ 向旅客递送票证和其他物品时，应双手递送，递送的物品应正面对着旅客。

⑤ 在无法回答旅客询问的内容时，要主动说"对不起"，然后告知旅客前往正确地点询问，或协助旅客咨询其他相关部门。切忌使用"不知道""这不是我的职责""你自己找"等直接或间接拒绝旅客的语言。

3）礼貌道别——去有送声

① 服务结束后应再次询问："请问还有别的可以帮到您的吗？"

② 面带微笑，礼貌告别，如："祝您旅途愉快！""再见！"

③ 工作人员应站立目送旅客离去，之后方可坐下。

3. 电话问询服务礼仪

图5-3所示为服务人员接听电话的画面。电话问询服务礼仪如下：

图5-3

① 接听电话问询时，铃响不超过三声，如果超过应向旅客致歉，如："对不起，让您久等了。"

② 左手拿听筒，右手做记录或查询电脑。

③ 在接听电话时，要首先问候对方（如您好、早上好、晚上好等），

然后主动告知对方本部门名称，如："您好，×× 机场。"

④ 通话音量要以对方能听清为宜，任何情况下均要避免在电话内大声喧哗。

⑤ 接听电话时要保持坐姿端正，面带微笑，不可同时做其他事情。

⑥ 通话最后，要感谢对方来电，如："感谢您的来电，再见！"

⑦ 要等对方挂断电话后，方可挂断电话，不得摔放电话。

⑧ 不得使用岗位电话拨打私人电话。

■ 学习笔记 ■

5.1.2　售票服务

售票是旅客运输工作的关键一环，是航空公司客运营销的主要工作和组织旅客运输的重要环节，其质量好坏直接关系到公司的经济效益和社会效益。因此，健全售票工作、正确填开客票、准确核收票款、妥善处理好疑难问题，是向旅客提供优质服务、满足旅客需求、提高经济效益的重要工作内容。图 5-4 所示为机场售票柜台。

图5-4

1. 购票的途径

旅客购票的途径有多种：一般可以由旅客到航空公司售票处或代理点购票，也可以用电话、网络、手机 App 购票。

2. 售票的程序和要求

① 领取票证。

② 准备业务用品。

③ 测试订票电脑。

④ 检查购票证件。

⑤ 接受购票。

⑥ 填开客票。

⑦ 向旅客收取票款，将客票交给旅客。

⑧ 填制销售日报。

⑨ 向旅客交代有关事项。

3. 现场售票服务礼仪

① 主动起身、面带微笑与前来购票的旅客打招呼："先生 / 女士，您好，请问您需要订哪一天的机票，飞往哪里？"

② 双手接过旅客证件，认真核对，并对旅客说："请您稍等，现在帮您查询余票信息。"

③ 订票成功后，与旅客仔细核对，并收取票款，将旅客证件与客票双手交给旅客。

④ 提醒旅客注意事项并与旅客道别，并对旅客说："先生 / 女士，祝您旅途愉快。"

5.1.3　值机服务

值机就是为旅客办理乘机手续，包括办理登机牌、收运旅客的托运行李、安排旅客的座位。

1. 机场值机柜台的分类

1）传统值机柜台

机场传统值机柜台有以下几种：

① 普通旅客柜台；

② 值班主任柜台；

③ VIP 柜台；

④ 特殊旅客服务柜台；

⑤ 团体旅客柜台；

⑥ 无行李托运柜台；

⑦ 逾重行李柜台；

⑧ 晚到旅客柜台；

⑨ 大件行李托运柜台。

2）新兴值机方式

除了柜台值机，目前还有一些地区使用新兴的值机方式，具体如下：

① **自助值机**　自助值机针对的是电子客票旅客，航空公司在候机楼提供自助值机设备（见图5-5），旅客凭身份证自助办理登机牌，当前北京首都机场、上海浦东虹桥机场、广州白云机场等许多机场已有该设备。

图5-5

② **酒店值机**　针对商务旅客，航空公司将值机服务迁移到酒店，当前深航锦江国际酒店可办该项业务。

③ **候机楼值机**　对于没有机场的城市，在当地办理值机手续，到异地机场乘坐飞机。当前，东莞城市候机楼能够办理从深圳、广州机场始发航班的值机服务。

④ **境外联程值机**　将值机服务延伸到境外，旅客在境外一次性办好值机手续就可享受轻松、便捷的航空旅行。当前，深航旅客在香港能够直接办理深圳的值机服务。

⑤ **网上值机**　网上办理乘机手续简称"网上值机"服务，这是一种方便、快捷的登机手续办理方式。旅客通过网站在线办理值机，并可预选座位。如果无须托运行李，那么通过网上值机可提前预订座位并将登机牌打印出来，就可以直接通过安检登机，无须到机场服务柜台排队办理登机牌，这样可以节省时间。

2. 值机岗位行为规范

值机岗位分引导员和柜台值机员两种。

1）引导员服务礼仪

引导员的工作属于走动式维序，需要注意观察并及时发现旅客的需求，走上前给予帮助。比如："您好！女士/先生，您乘坐的是××

的航班，请到 ×× 柜台办理乘机手续。谢谢！"

当发现旅客不会使用自助值机设备，或在自助值机设备前停留时，引导员应主动上前（见图5-6）："您好，女士／先生，欢迎自助值机，我简单地给您介绍和演示下操作流程。"

■ 学习笔记 ■

图5-6

2）柜台值机员服务礼仪

（1）迎接旅客。

旅客到达值机柜台，值机员应站立迎接，面带微笑，主动问好，如"您好！""早上好／下午好！"等。

如果值机柜台前无旅客等候值机，值机员可坐下等待，坐姿应端正。

（2）查验证件。

值机员应站立，双手接过旅客证件并快速查看，之后方可坐下办理值机手续（见图5-7）。须确认航班信息和目的地，如："您是准备乘坐 ×× 航班去 ××，是吗？"一般身份证在8 s以内、护照在30 s内办妥值机手续。

图5-7

如果旅客未主动出示证件，值机员应礼貌索要，如："您好，请出示您的身份证件（护照）。"

VIP 柜台及两舱柜台的值机须提供姓氏服务。在不知道旅客姓氏的情况下，可以使用"先生／女士"称呼旅客。当在验过旅客证件获知旅客信息后，必须以"姓氏＋先生／女士"称呼旅客。

（3）安排座位。

安排好旅客座位，不仅是提高服务质量、维持好旅客上下飞机秩序的保证，而且能有计划地安排飞机的载重平衡，确保飞行安全。所以，在满足配载平衡及飞行安全的前提下，值机员应尽量满足旅客的座位需求。

① 应主动询问旅客对座位的喜好，如："请问您需要靠窗座位还是过道座位？"当航班座位剩余量少时可不必询问。

② 在不能满足旅客座位需求时，应向旅客致歉并提供其他座位选择，如："对不起，靠窗的座位没有了，我给您安排一个靠前的过道座位，您看可以吗？"

③ 应尽量将同行旅客的座位安排在一起，如没有相连的座位应告知旅客并致歉，如："对不起，现在没有一起的座位，我将你们安排在最近的区域内，您看可以吗？"

④ 对于特殊旅客，如孕妇、儿童、婴儿、轮椅旅客、老年旅客等，应按照特殊旅客的座位安排要求，给他们选择合适的便于服务的座位。

⑤ 在安排紧急出口座位时，应严格按照规定执行，必须明确告知旅客紧急出口座位相应的职责，在得到旅客的应允后，方可将旅客安排在紧急出口座位。

（4）收运行李。

收运行李是值机的一项重要工作，其工作内容包括：检查行李外包装、了解行李内是否有不符合规定的物品、行李过秤、收取相应的逾重行李费。

① 主动询问旅客是否有托运行李，如："请问您有托运行李吗？""麻烦您将托运行李放在行李传送带上。"

② 应轻拿轻放托运行李，规范拴挂行李牌，如图 5-8 所示。

学习笔记

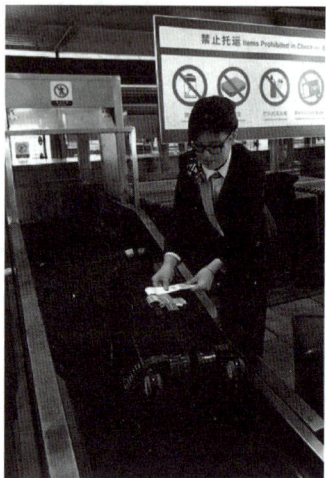

图5-8

③ 主动了解托运行李的安全问题，如："请问您的托运行李中有没有贵重物品或易碎物品？""请您看一下告示牌，以确保您的行李里没有所示物品，谢谢！""您的行李内有帮其他人携带的东西吗？"，等等。

④ 对逾重行李旅客应明确告知规定，如："对不起，您的行李重量超过了经济舱 20 kg 的免费行李额度，您需要交纳逾重行李费，请您到××柜台办理，谢谢！"

⑤ 办完行李托运后，将行李识别联粘贴在登机牌的正确位置。

（5）礼貌道别。

① 值机员办理完旅客登机手续后须站立，双手将旅客身份证件、登机牌等物品一并交给旅客，告知："这是您的身份证件和登机牌，请您收好。"

② 必要时口头向旅客提示登机口及登机时间信息，用手势指示安检通道方位，如："您的航班马上就要开始登机了，请您抓紧时间进行安全检查，到××号登机口登机。"

③ 面带微笑，礼貌告别。如："祝您旅途愉快！""再见！"

5.1.4 安检服务

1. 安检工作

安检工作岗位分安检引导员、安检身检员和安检处置员 3 种。

1）安检引导员

① 安检引导员负责对旅客进行分流引导，如图 5-9 所示。

② 安检引导员应向旅客宣传安全常识及携带危险品的危害性，确保旅客在接受检查时不堵塞安检通道。

图5-9

2）安检身检员

① 在安检处（见图 5-10），安检身检员使用手持式金属探测器对旅客进行身体的全方位探查，当手持式金属探测器报警时，应对相应的部位进行触摸检查，以防止旅客携带（藏匿）危险品或违禁品。身检作业要严格遵守"男不检女"的规定。

② 安检身检员自上而下、从左至右、从前至后采取仪器与手工相结合的方式进行身体检查，采取眼睛观察和手触摸的方法排除疑点。对肩胛、胸部、腋下、腰部、臀部、裆部、大小腿内侧、脚踝，以及上、下衣口袋、裤兜等部位进行重点检查。

图5-10

3）安检处置员

①对安检仪器显示异常的物品，请旅客配合做进一步检查。

②协助旅客进行物品分拣、复查。

■ 学习笔记 ■

2. 安检服务礼仪

安检工作（见图5-11）对于维护机场安全有着至关重要的作用，不得有丝毫怠慢。旅客在安检的过程中经常会有不耐烦、不理解的情绪，因此安检工作必须更加重视服务礼仪规范。

图5-11

① 安检引导员应采用规范的站姿立岗，使用文明用语，同时主动伸手帮旅客把大包、重包放到安全检测仪上进行检查。

② 根据客流情况对旅客予以分流，以便旅客能够尽快接受安检。在引导前一位旅客安检的同时，提醒下一位旅客做好准备，以加快安检速度。

③ 安检过程中，对旅客携带物品有疑问时，安检处置员不要用质问的语气和旅客说话，应该用询问的方式，请旅客配合检查。

④ 安检处置员查包时态度应和蔼，使用文明用语。查包时对旅客的包裹要轻拿轻放，以免损坏。

⑤ 安检处置员若发现违禁品，应保持平和的心态，耐心、和蔼地向旅客详细指出哪些物品属于违禁品；若未发现违禁品，应当立即对旅客的支持表示感谢。

⑥ 安检完毕后，应向旅客表示感谢，说："对不起，给您添麻烦了，祝您旅途愉快，再见。"

5.1.5 登机口服务

1. 登机前的准备工作

① 登机口服务员在航班开始登机的前 5 min 上岗，带好必备的工作用品。

■ 学习笔记 ■

② 准备好当日航班的各项信息牌，认真核对，并检查航班显示是否正确。

③ 及时将航班信息准确记录在日常航班记录本上。

④ 如有 VIP 和特殊旅客信息，及时记录在航班记录本上。

⑤ 开启离港系统的电脑，输入航班号，准备登机时扫描登机牌。

2. 认真回答旅客的各种询问

随时掌握候机大厅的旅客动态，对需要特别服务的旅客提供相应服务，如图 5-12 所示。

图5-12

3. 登机口的检票工作

① 登机口服务人员接到商务调度出港的航班上客通知后，主动了解该航班人数及各种信息，将该航班的人数报商务调度。

② 通知引导员做好上客准备，及时把"登机"告示牌挂在登机动态栏内；电话通知信息中心该航班的登机信息，通知旅客登机；两舱和特殊服务旅客优先登机。

③ 检票，查验登机牌，如图 5-13 所示。如果有任何变化（行李问题及人数问题），通知商务调度。

④ 查找未登机旅客。核对人数，并且在"航班记录本"上正确记录登机人数、时间和完毕时间。

学习笔记

■ 学习笔记 ■

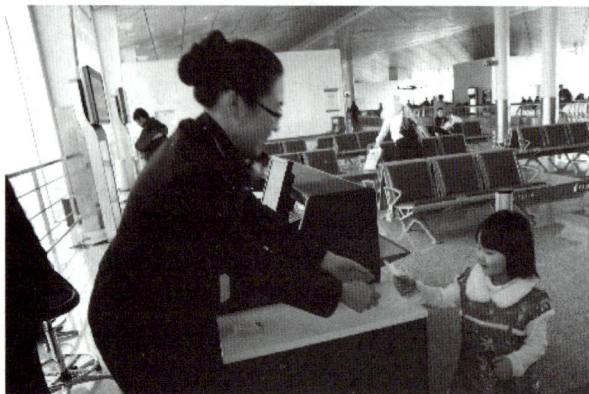

图5-13

4. 引导工作

1）飞机靠近廊桥时

① 引导旅客登机时，引导员走在第一名旅客前，引导速度以大多数旅客能跟上为宜，将旅客引导到客舱门口。

② 复撕每位旅客的登机牌和复查登机牌上安检章，以防止登机口漏撕或非本次航班的旅客错乘。

③ 各廊桥转弯处、楼梯口和登机路线不明处，应有人员负责引导，如图 5-14 所示。

图5-14

2）飞机停靠停机坪时

① 由两名引导人员带领旅客乘坐摆渡车至停机坪，如图 5-15 所示。

图5-15

② 安排 1~2 名发车人员，发车引导员要根据航班的人数合理安排摆渡车。

③ 发车人员要准确地向摆渡车司机报上航班号和目的地。

④ 商务人员上第一辆摆渡车，与旅客一同前往停机坪。

⑤ 摆渡车到达停机坪后，引导员要先下车，旅客由前、后客梯上飞机（如图 5-16 所示），在客梯口复撕每位旅客的登机牌。

⑥ 旅客登机完毕，引导员与值机员核对人数，再与乘务员核对总人数。

⑦ 引导员要密切注意旅客上、下摆渡车和客梯的安全问题。

⑧ 在航班离港 20 min 后，引导员方可离开工作岗位。

图5-16

5.1.6 重要旅客服务

重要旅客是航空运输保证的重点，认真做好重要旅客运输服务工作是民航运输部门的一个重要任务。

1. 重要旅客的范围

①省、部级（含副职）以上的负责人。

②军队在职正军职少将以上的负责人。

③公使、大使级外交使节。

④由各部委以上单位或我驻外使、领馆提出要求按重要旅客接待的客人。

2. 重要旅客的分类

1）最重要的旅客（VVIP）

VVIP 包括我国党和国家领导人、外国国家元首和政府首脑、外国国家议会议长和副议长、联合国秘书长。

2）一般重要旅客（VIP）

VIP 包括政府部长，省、自治区、直辖市人大常委会主任，省长，自治区人民政府主席、直辖市市长和相当于这级的党、政、军负责人；我国和外国大使，国际组织负责人，国际知名人士，著名议员，著名文学家、科学家和新闻界人士等；我国和外国全国性重要群众团体负责人。

3）工商界重要旅客（CIP）

CIP 包括工商业、经济和金融界有影响的重要人士；旅游业重要的领导人；国际空运企业重要的负责人。

3. 重要旅客的接待

1）重要旅客航班的载运限制

载有重要旅客的航班，严禁载运押送犯人，严禁接收重病号或担架旅客。在接收带婴儿、儿童的旅客及无成人陪伴的儿童时，应严格按规定办理；座位不得超售。

2）运送重要旅客的工作程序

（1）重要旅客订座，需要出示单位介绍信。承运人应优先安排，予以保证，如人数较多安排确有困难时，应立刻向上级部门反映。

（2）接受订座时询问清楚以下情况，并做好详细记录：

① 航班（含联程、回程）、日期，并做好详细记录；

② 姓名、职务；

③ 特别服务要求；

④ 随行人员人数；

⑤ 联系电话、联系人；

⑥ 是否愿意公开身份。

（3）建立 PNR（旅客订座记录），并在重要旅客订座记录的 OSI 组注明 VIP 姓名、职务。

（4）出票时，除按规定填写客票外，还要在重要旅客的姓名后加注"VIP"字样，在电子客票行程单上加盖"重要旅客"专用章，客票内所填项目应与订座记录逐一核对，并交值班主任检查，确保航班号、日期、起飞时间正确无误。

（5）按照 VIP 信息传递图传送重要旅客运输信息。

（6）办理值机手续的柜台应预留好重要旅客和随同人员的座位，在重要旅客的托运行李上挂 VIP 行李识别牌，填制特殊旅客服务通知单。重要旅客乘机手续应随到随办，办完以后由服务人员引导到贵宾室等候登机。

（7）拍发 VIP 运送电报给经停站和目的站。

4. VIP 服务内容

① 设置国内 VIP 专用停车场。

② 设置 VIP 休息室。

③ 协办值机手续。

④ 协办海关、边防、安检等相关手续。

⑤ 贵宾专用联检通道及候机楼内领导接送引导。

⑥ 机下摆渡服务。

⑦ 免费供应饮品与小零食。

5. 贵宾服务设施

1）VIP 专用通道

机场各航站楼设有 VIP 专用通道（见图 5-17）及专用停车场，预订 VIP 服务时应上报车牌号码，接送车辆从 VIP 专用行车通道前往要客部专用停车场，可提供更加便捷的乘机体验。

■ 学习笔记 ■

图5-17

2）贵宾休息室

贵宾休息室（见图5-18）设有独立包间及公共休息室，国内航班休息室大厅设有专用安检通道，礼宾员代办登机牌、行李打包托运等手续。

图5-18

3）贵宾摆渡车

凡是走 VIP 通道的国内／国际航班的旅客，均可享有专用的摆渡车服务，如图 5-19 所示。

图5-19

6. 引导流程

1）出发航班

① 乘车驶入 VIP 专用行车通道。

② 进入贵宾休息区域（可提供茶点、饮料、杂志）。

③ 协助办理乘机手续。

④ 使用贵宾专用安检通道。

⑤ 乘专用摆渡车登机。

2）到达航班

① 礼宾廊桥举牌迎接。

② 乘专用摆渡车驶出。

③ 进入贵宾休息区域。

④ 协助提取托运行李。

⑤ 专用通道乘车驶离。

3）转机引导

① 礼宾员廊桥口举牌，如图 5-20 所示。

② 陪同出关、提取行李。

③ 协助办理值机手续。

④ 送至下一班候机处。

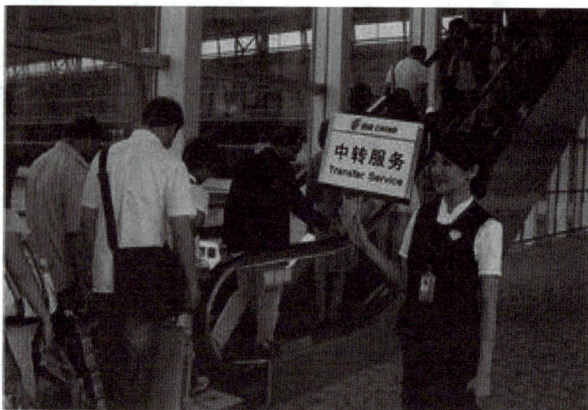

图5-20

7. 贵宾服务礼仪

因为VIP旅客的重要性及特殊性，在对VIP旅客提供服务时，要求工作人员具备良好的职业道德及强烈的服务意识，以及广泛的礼仪知识、细致的洞察力、善于沟通表达、耐心周到地倾听等综合素质。

同时，向旅客提供服务时要注意称呼，应采用姓氏尊称服务，即在旅客姓氏的后面加上职务，如"王教授""李厅长"以表示尊敬和重视，更加充分地体现民航服务的高层次和细心程度。

在工作过程中，应保持端庄、稳重的仪态，体现民航工作人员的得体、大方，表现对旅客的热情与尊重。

5.1.7 到达厅服务

1. 旅客到达

到达站应根据航班订座和前方起飞站的旅客出发业务电报提供的信息做好服务准备，旅客到达时应提供必要的信息和引导服务，对特殊服务旅客应提供相应的服务，如图5-21所示。

旅客下机顺序为：重要旅客、头等舱旅客、公务舱旅客、经济舱旅客。一般旅客下机后，再安排行动不便的旅客和无成人陪伴的儿童下机，并提供必要的协助。宽体飞机旅客较多时，应尽量安排前后舱同时下机。

如果飞机不停靠廊桥且停机位离候机楼较远时，应安排摆渡车接送旅客。对于国际航班国内段旅客，应按国内航班旅客分流引导。

图5-21

■ 学习笔记 ■

2. 旅客中转

1）联程中转

联程中转指旅客持联程客票，在到达站衔接另一航班至其他目的地点的转机旅行。若旅客旅行未持联程客票或后续航班未事先订妥座位，不视为联程中转。

注意，联程客票指列明两个以上航班的客票，如不是使用同一本客票，其衔接客票号码应相连。

2）中转站的服务

中转站应根据航班订座和前方起飞站的旅客中转电报提供的信息做好服务准备，对于人数较多的团体旅客和经承运人同意并事先做出安排的特殊服务旅客，应做出服务安排。

中转站应为旅客提供下列服务：

① 必要的信息和引导服务；

② 座位再证实服务；

③ 按规定应提供的膳宿服务。

3. 重要旅客进港服务

重要旅客服务部门应及时了解重要旅客信息，掌握航班的进港动态，做好服务准备：

① 在飞机到达前 1 h，重要旅客服务部门将航班信息通知服务单位；

② 在飞机到达前 10 min，将服务人员引导至停机位；

③ 重要旅客到达后，引导重要旅客下机；

④ 行李部门应立即按照重要旅客行李到达信息卸机，无信息时应

优先卸下机上带有"VIP"字样标志和头等舱旅客的行李，如图 5–22 所示。

图5–22

5.2　地面服务用语

5.2.1　地面服务用语原则

1.真诚

换位思考，站在旅客的立场看待、解决问题。

2.热情

① 主动问候和服务，态度大方、得体，始终保持眼神的关注。

② 尊重和理解旅客的需求，甚至发现旅客的潜在需求。

3.温和

① 始终保持微笑，称呼恰当，用词文雅。

② 学会有效倾听，因为倾听是沟通的开始。

4.灵活

① 适时赞美和安抚。

② 正确使用意见征询，主动引导旅客接受建议。

③ 根据旅客的情况，使用多种沟通工具，如对于语言障碍旅客，可使用纸、笔进行沟通。

5.2.2 服务用语标准

1. 称谓

① 原则上统一使用"女士 / 先生",知道旅客姓氏后应使用"姓氏 + 女士 / 先生"。根据人群,可酌情使用更恰当的称呼,如对年龄稍大的老人,为表示亲切,可称呼"叔叔 / 阿姨""老先生 / 老夫人";对于儿童旅客,可称呼"小朋友""小姑娘"等。

② 对于国家、政府政要,采用"姓氏 + 职务"的称呼方式。对于部队领导,可统一称呼"首长"。

③ 对于董事局和集团领导,称呼"姓氏 + 总"。

④ 对于外国旅客,不知对方姓名时,称呼"madam/sir",在已知姓名的情况下,使用"Ms./ Mr.+ 姓氏"进行称呼。对于重要外宾的称呼,以相应的要客保障方案为准。

2. 礼貌用语和服务禁语

1)用语原则

① 提倡常用文明礼貌用语 10 个字:您好、请、谢谢、对不起、再见。

② 英文常用礼貌用语为:how are you,please,excuse me,thank you, sorry,good bye。

③ 禁止使用的语言,如"喂、这事不归我管、我正忙呢 / 我有事、随便、你等着、怎么还问、你懂不懂"等。

2)各类参考礼貌用语

① 问候语,如"早上好 / 晚上好 / 新年好 / 节日快乐;good morning / good evening /happy new year"等。

② 欢迎语,如"欢迎光临 / 很高兴为您服务;welcome to.../it's my pleasure"等。

③ 指示语(需配合手势等肢体语言),如"请直走 / 请这边走 / 请往左(右)拐; go straight please/ this way please/ turn left (right) please"等。

④ 答谢语,如"感谢您的建议 / 非常感谢 / 多谢您的合作;thank you for your suggestion/ thank you very much / thanks for your cooperation"等。

⑤ 送别语,如"再见 / 祝您旅途愉快;goodbye/have a nice trip / have a good trip"等。

■ 学习笔记 ■

⑥ 征询语，如"请问有什么需要／我能为您做些什么；may I help you"等。

⑦ 应答语，如"好的，马上／马上就好／这是我们应该做的／没关系／请您放心；it's my job/ not at all"等。

3. 电话礼仪

① 使用正确的称谓和礼貌用语，保持微笑，态度诚恳、谦和，声音优美响亮，吐字清晰，言简意赅。

② 电话接通后要咨询对方是否方便，根据电话的背景判断音量并把握好通话时间。避免在对方休息或就餐时拨打电话。

③ 接听电话应使用礼貌用语，如："您好！国际（行查／值机等），请问有什么可以帮您？"

④ 对于错拨的电话进行耐心解释，并尽可能提供帮助。

⑤ 拨打和接听电话时杜绝喝茶、抽烟、吃东西等。

4. 服务语言示范

1）值机服务

（1）引导员服务。

引导员服务工作为走动式维序，应注意观察并及时发现旅客的需求，常用服务语如下：

"您好！女士／先生，您乘坐的是××的航班，请到××柜台办理乘机手续。谢谢！"

当发现旅客不会使用自助值机设备或在自助值机设备前停留时，常用服务语如下：

"您好，女士／先生，欢迎自助值机，我简单地给您介绍和演示下操作流程。"

（2）值机柜台服务。

① 您好！女士／先生，请出示您的证件。请问您喜欢靠窗还是靠过道的座位？

② 这是您的证件、登机牌、行李票，请收好。再见／祝您旅途愉快！

③ 您好，女士／先生。请问您的行李中有易碎物品或锂电池等危险品吗？

④ 您好，女士／先生，您的行李（超重、超件）了，需要交纳（逾重／超件）行李费。

⑤ 女士 / 先生，您好！您的签证还未生效，现在我们无法为您办理乘机手续，烦请您联系售票处变更您的机票。

2）行查服务

① 女士 / 先生，非常抱歉。请您出示行李小票并协助填写《行李运输差错事故记录单》，我们将为您办理登记手续，谢谢。

② 抱歉，由于 ××× 原因，您的行李未能同机到达。我们将尽快安排航班托运过来并与您联系。请您填写《行李运输差错事故记录单》，并留下联系方式，谢谢！

3）登机口服务

① 再见 / 祝您旅途愉快！

② 您好，女士 / 先生，目前航班还没有具体起飞时间。一有任何消息，我们会第一时间通知大家。感谢您的理解和配合！

5. 技巧性服务语言汇集

1）感同身受

① 我能理解。

② 我非常理解您的心情。

③ 我理解您怎么会生气，换成是我也会跟您一样的感受。

④ 请您不要着急，我非常理解您的心情，我们一定会竭尽全力为您解决的。

⑤ 如果我碰到您的这么多麻烦，也会是您现在这样的心情。

⑥ 没错，如果我碰到您这么多的麻烦，我也会感到很委屈 / 郁闷 / 生气的。

⑦ 我非常理解您的心情，请放心，我们一定会调查清楚，给您一个满意的答复。

⑧ "听得出来您很着急""感觉到您有些担心""我能体会到您很生气，您看这样好吗？""我能感受到您的失望，我可以帮助您的是……""我能感受得到 ×× 情况给您带来了不必要的麻烦。"

⑨ "如果是我，我也会很着急的……""我与您有同感……""是挺让人生气的……"

⑩ 您好，给您带来这么多的麻烦实在是非常抱歉，如果我是您的话，我也会很生气的，请您先消消气，给我几分钟时间给您说一下这个原因可以吗？

⑪ 给您造成的不便非常抱歉，我们的心情跟您一样。

⑫ 先生，很抱歉之前的服务让您有不好的感受，我们对于旅客的

意见是非常重视的,我们会将您说的情况尽快反映给相关部门去做改进。

2）站在旅客角度

① 这样做主要是为了保护您的利益。

② 我知道您一定会谅解的,这样做就是为了确保像您一样对我们公司有着重要意义的忠诚顾客的权益。

③ 我不太明白,能否再重复下您的问题。

④ 我觉得可能是我们的沟通存在误会。

⑤ 可能是我未解释清楚,令您误解了。

⑥ 请问我的解释您清楚吗?

⑦ 对不起,我没有听明白,请您再说一遍好吗?

⑧ 我建议……/ 您看是不是可以这样……

3）处理"意见"和"建议"

① 非常感谢您这么好的建议,因为有了您的建议,我们才会不断进步。

② 谢谢您的理解和支持,我们将不断改进服务,让您满意（旅客不满意但不追究时）。

③ 这次给您添麻烦了,其实,我们也挺不好意思,您所说的情况我们将记录下来,并反馈给相关部门,会尽可能避免问题的再次出现……

④ 非常感谢您向我们提供这方面的信息,这会让我们的服务做得更好。

⑤ 感谢您对我们工作的支持,希望您以后能一如既往支持我们!

⑥ 感谢您对我公司的支持,您反馈的意见,将成为我们公司日后改进工作的重要参考内容。

⑦ 谢谢您的反映,该问题一向是我公司非常重视的问题,目前除了××可以受理外,我们还提供了其他渠道,也希望您如果有更好的建议也提供给我们。

⑧ 针对您刚才所反映的情况,我们公司也会不断地去改善,希望改善后能给您带来更好的服务。

⑨ 让您产生这样的疑惑,也让您生气了,实在抱歉。

⑩ 非常感谢您对我们的关心和支持,我们会尽快完善。

⑪ 非常感谢您提供给我们的宝贵建议,有您这样的乘客是我们的荣幸。

⑫ 如果您对我解释不满意,可以提出您的建议,以便我以后改善（面

对与旅客陷入僵局时）。

⑬ 您的满意是我们的追求，祝您有个好心情（当旅客对我们解决了他的问题表示感谢的时候）。

⑭ 感谢您的批评指正，我们将及时改正，不断提高服务水平。

⑮ 我们会将您反映的问题与相关部门联系，请您留下联系电话，我们将在 ×× 小时内给您答复。

⑯ 请问您具体遇到什么麻烦，您放心，我们一定会尽力帮您。

⑰ 女士 / 先生，非常感谢您把您遇到的麻烦及时告诉我们。

4）无法满足要求

① ×× 女士，我很能理解您的想法，但非常抱歉，您的具体要求我们暂时无法满足。我会先把您遇到的情况反馈给相关部门，稍后再与您联络好吗？

② ×× 先生，您是我们的客人，尽量让您满意是我们的工作要求。不好意思，您说的这些，确实是有一定的道理，如果我们能帮您一定会尽力，不能帮您的地方，也请您谅解。

③ 尽管我们目前暂时无法立刻去处理（或解决）这件事情，但我可以做到的是……

④ 女士 / 先生，目前我们还没有收到最新的通知，或者迟点再咨询我们。

⑤ 现在暂时没有新的进展，请您稍后留意。

⑥ 女士 / 先生，非常感谢您的反馈，我们会尽最大的努力改进这方面的问题，也希望您能一如既往地支持和监督我们的工作，谢谢！

⑦ ×× 女士，您的心情我能够理解，那您希望我们怎样帮您解决呢？

5）如何让旅客"等"

等待之前，先提醒旅客需要等待："女士 / 先生，请您稍等片刻，我马上为您查询。"等待结束时恢复对话：

① 女士 / 先生，谢谢您的等待，已经帮您查询到……/ 现在帮您查询到的结果是……

② 由于查询数据需要一些时间，不好意思，要耽误（您）一点时间。

③ 感谢您的耐心等候。

④ 不好意思，耽误您的时间了。

学习笔记

第6章

职场礼仪

职场礼仪主要包括求职面试礼仪和办公室礼仪两大方面。求职面试礼仪是每个人在求职的过程中所表现出的由内到外的一种涵养，外表的礼仪是对招聘单位和招聘人员最起码的尊重，而内在的礼仪更是一名当代大学生所必备的修养。办公室是工作场所，也是公共场合，工作人员在办公室中必须要遵守一定的办公室礼仪。通过本章的学习，希望达成以下教学目标。

【知识目标】

1. 掌握求职面试礼仪。

2. 了解办公室的关系、着装礼仪及公共区域的礼仪。

【能力目标】

1. 掌握求职面试礼仪，能顺利通过面试。

2. 了解办公室礼仪，能顺利通过用人单位的试用期。

3. 能够运用所学职场礼仪标准规范自己的行为。

6.1　求职面试礼仪

6.1.1　面试前的准备

1. 明确个人求职目的

我们参加面试之前，首先要问自己这样的问题："我为什么要选择这个职业？我对这个行业了解吗？"明确自己的求职目的，是今后全身心投入工作的基础；明确自己的求职目的，才会激励自己奋斗，才不会随波逐流、浪费青春。我们应当选择一个适合自己的职位，而不是适合自己专业的职位。我们应该根据自己的性格特征和兴趣爱好，选择自己喜欢且能胜任的职位。

2. 了解应聘单位信息

面试之前，我们应该熟悉应聘公司所在的行业情况、公司发展历史、公司的优势和主要产品、公司在同行业的地位等，要把自己想加入公司的理由整理得清晰有序，这样会给公司的面试官留下思路清晰、专业和职业素养良好的印象。若对面试的单位不了解，很容易导致面试失败。

3. 完美制作自荐材料

一份好的自荐材料是打开面试之门的金钥匙。在用人单位还未接触到本人之前，只能通过自荐材料来进行初步的筛选。自荐材料包含求职信和求职简历。

1）求职信

现在，用人单位在招聘人员的时候，一般都要求应聘人员先递交求职信，以便从应聘人员中选出面试的人员。实际上，求职信已经成为应聘的第一道手续，只有顺利通过这一道门槛，才能进入面试阶段。

求职信，又称自荐信，是求职者在应聘前撰写的向用人单位推荐自己的一种特殊的信件。信件内容包括写信的目的、应聘者的个人情况等。写求职信的目的就是引起用人单位的注意，并且获得面试的机会。

写求职信时应注意以下事项：

① 求职信要针对某一职位专门撰写；

② 求职信一般不用太长，400~600 字即可，因为企业的招聘人员没有太多的时间去阅读长篇累牍的求职信；

③ 打印一定要用标准的纸张，页面设计别致但不要过于花哨；

④ 语言要简练、顺畅，千万不要有错别字；

⑤ 落款和日期一定要注明。

2）求职简历

在求职简历中，主要的信息为一些个人基本资料，包括本人经历、所获荣誉及本人特长。信息虽多，但需要言简意赅，最好用框架式的语言进行呈现。荣誉及兴趣爱好虽多，但我们需要有取有舍，应当选择与求职岗位最贴切的、最具有影响力的兴趣、爱好。

求职简历应包含以下内容：

① 基本情况介绍，包括自己的姓名、性别、年龄、身高、籍贯、政治面貌、毕业学校等；

② 学习情况介绍，包括大学期间学习的课程、学习成绩、主攻方向；

③ 学习实践情况介绍，应该把自己在企业及各种组织的实践情况表现出来；

④ 特长、爱好情况介绍，选择有说服力，尤其是针对企业需求列举自己擅长的技能，但一定不能弄虚作假；

⑤ 在校任职情况；

⑥ 学历及获奖情况，一般包括毕业证书、各类资格证书、"三好学生""优秀学生干部""优秀团员""优秀毕业生"等荣誉证书，外语、计算机等级证书，各类奖学金证书，在正式出版物上发表过的作品、科研论文等，以及其他有关自己特长的证明材料；

⑦ 个人联系方式，包括通信地址、邮政编码、联系电话、手机号码和电子邮箱。

写求职简历时应注意：

① 简明扼要，避免拖沓；

② 精心设计，避免滥造；

③ 实事求是，避免浮夸；

④ 措辞恳切，避免官腔；

⑤ 别出新意，避免雷同。

3）注意事项

写自荐材料时应注意扬长避短。

① **扬长**　在准备自荐材料时，务必要客观、全面地向用人单位展示自己的优点与长处。要敢于扬长、善于扬长，既是一种自信与实力的体现，也是对自己和用人单位负责任的体现。不敢扬长，自恃"酒香不怕巷子深"，或者视扬长为自吹自擂，在目前人才竞争激烈的情况下，就难以脱颖而出，就容易吃败仗。

② **避短**　在准备求职材料时，对于用人单位未做明确要求，应聘者稍有不足或容易让用人单位产生不必要误会的情况下，可以避实就虚，或者索性避而不论。例如，假若自己个头矮，用人单位没有明确要求身高，那么在写求职信时就没有必要提及。

■ **学习笔记** ■

6.1.2　面试的礼仪

要调整好自己的面试状态，这在面试前是一个比较重要的环节，不要过度紧张，应以乐观、积极、合作的态度来对待面试。不管是否成功，每次面试都是我们人生的体验，我们应该抱着感恩的心态对待公司提供的宝贵的面试机会。而机会也会留给有准备的人，在你精心的准备下，你的面试成功率也会随之提高。

1. 良好的仪容、仪表

仪容，通常是指人的外观、外貌。其中的重点则是指人的容貌。在人际交往中，每个人的仪容都会引起交往对象的特别关注，并将影响到对方对自己的整体评价。仪表，即人的外表，包括言谈举止、风度、服饰等。仪容、仪表是一门艺术，不仅要讲究美丽、协调，而且要注意场合、身份。

1）塑造魅力形象

自我形象是一个人展现在别人面前的有关自己的整体风采。它显示出一个人的容貌、气质、修养与个性，形象越美好，感召力越强，在竞争中显示的竞争优势越大。

（1）发型。

男士发型多以板寸为主，也有个别的打发胶定型。男士标准发型要求：前不遮眉，侧不遮耳，后不触领，不留鬓角，不剃光头，不染异色，不烫发，不留怪异发型，不过分追求时髦，杜绝锅盖头、三七分、中分等。

女士标准发型要求：长发要盘起，发髻高度与耳部上缘取齐，前

额不留刘海，碎发定型，一丝不乱，整齐干净，整个头上不超过3个发卡；短发要前不遮眉，侧不遮耳，后不遮领，整齐梳理。

（2）妆容。

化妆是对他人最基本的尊重，目前各大公司对职员的着装打扮也是有要求的。

整体要求：干净、整洁、自然、大方、稳重、高雅、富有亲和力；突出职业特征，体现精神面貌，妆容与服装和谐，实现整齐划一的效果。

2）服装搭配和谐

俗话说："人靠衣装，佛靠金装。"服饰搭配是门大学问，善于搭配的人给人的印象是高雅的、有品位的，而不懂搭配的人往往给人的印象是邋遢的、无品位的。服装搭配通常应注意以下四大原则：

① 整洁原则　这是服饰搭配的一个最基本的原则。一个穿着整洁的人总能给人以积极向上的感觉，并且也表示出对交往对方的尊重和重视。整洁原则并不意味着时髦和高档，只要保持服饰的干净合体、全身整齐即可。

整洁原则要求我们要注意：衣物清洁无污渍，身体清香无异味。

② 个性原则　不同的人，由于年龄、性格、阅历等各方面的不同，自然就会形成各自不同的气质。在选择服装时，不仅要符合个人的气质，还要表现出自己美好气质的一面。为此，必须深入了解自我，正确认识自我，选择适合自己的服饰。需要注意的是，个性原则并非盲目地追求另类的个性，要使我们的着装富有个性，首先不要盲目追赶时髦，因为最时髦的东西往往是最没有生命力的；其次，不要盲目模仿别人而不考虑自己的综合因素。

③ 和谐原则　所谓和谐原则是指协调得体。即选择服装时不仅要与自身体型相协调，还要与年龄、肤色相配。服饰本是一种艺术，能掩盖体形的某些不足，只要根据自己的特点，用心地去选择适合自己的服饰，总能体现出自己的个性。

④ TPO原则　T（time）——时间原则，穿着要注意时代、季节和一日的各段时间；P（place）——地点原则，着装要适合场所、地点、环境；O（object）——场合原则，穿着要考虑场合，与环境氛围相协调。

3）男士西服着装要点

（1）一条笔直的线。

① 衣袖不挽，裤腿不卷。

学习笔记

② 腰间无物。

③ 口袋不鼓。

（2）两种扣法。

① 单排扣西装，扣上不扣下。

② 双排扣西装，全部扣上扣。

坐下时，应解开扣子，以防西服"扭曲变形"；起身时，再扣成原样。

（3）三色原则。

① 全身颜色不能超过三种，包括上衣、下衣、衬衣、领带、鞋和袜；

② 鞋袜、腰带、公文包三个部位应保持一个颜色，黑色最佳。

（4）两个好搭档。

① 衬衫

·面料：纯棉、纯毛面料。

·颜色：必须为单一色，白色为首选。

·图案：以无图案为最佳，较细竖条纹的衬衫也可以。

·领型：硬质衬衫，尤其是领头要硬实、挺括。

穿西装时，所搭配的衬衫衣袖应该比西装袖子长 1.5 cm 左右，衬衫下摆应该塞进裤子里。

② 领带

·面料：一般以真丝为宜。

·颜色：不要太花哨、太鲜艳。

·图案：一般为单色、无图案，也可选择细条纹等几何图案。

·长度：自然下垂到皮带扣处。

穿马甲或羊毛衫时，一定要把领带放在羊毛衫、马甲里面。

（5）绅士形象五大破绽。

① 穿西装时，左袖商标没拆。

② 一根领带横扫天下。

③ 西装袖子太长。

④ 腰间是通信基地。

⑤ 正式西装 + 休闲皮鞋 + 白袜。

正确的男士西服形象如图 6-1 所示。

■ 学习笔记 ■

图6-1

4）女士职业装着装要点

女士职业装以套装为主，穿着西装，能很鲜明地让你从俏皮可爱的学生妹转型为干练、爽朗的职场先锋，如图 6-2 所示。

图6-2

（1）职业套装的选择。

在正式场合穿着的套装，应该是由高档面料缝制，裤子、裙子和上衣均采用同一质地、同一色彩的素色面料。在造型上要讲究为着装者扬长避短，因此提倡量体裁衣。

色彩方面要以冷色调为主，给人雅气、清新而凝重的感觉，从而体现着装者的端庄、稳重和典雅。藏青、茶褐、紫红、炭黑、土黄等稍冷的颜色都可以，最好不要选鲜亮抢眼的颜色。

（2）套装搭配注意事项。

① 要穿得端端正正。

② 要大小合适。

③ 要注意场合。

④ 要兼顾举止。

⑤ 要协调妆饰。

⑥ 不要暴露袜口。

5）细节决定成败

（1）鞋袜的搭配。

① **男士皮鞋的选择**　男士搭配西服的最佳鞋子是皮鞋，夏天可搭配镂空皮鞋，皮鞋要与着装的色彩搭配。深色的西服可以搭配黑、棕色的皮鞋；浅色的西服则可以选择白色皮鞋。牛仔裤、运动装最好避免与皮鞋搭配，可选择运动鞋。

② **男士袜子的选择**　要穿与西裤、皮鞋颜色相同或较深的袜子，一般为黑色、深蓝色或藏青色，绝对不能穿花袜子或白色袜子。

③ **女士鞋子的选择**　女性的职业装束一般是套裙，而用来与套裙搭配的鞋子应该是皮鞋，并且以黑色的牛皮鞋最好。鞋子一般是高跟或者半高跟的船式皮鞋或盖式皮鞋。

④ **女士袜子的选择**　在与套裙搭配时，鞋袜的款式也有讲究，那些镂空、网眼、吊带、珠饰、链扣或印有时尚图案的鞋袜会给人肤浅的感觉。不要用中筒袜和低筒袜与套裙搭配，而高筒袜和连裤袜是和套裙最标准的搭配。另外，鞋袜应该完好无损、大小相配，不要随意乱穿，也不要当众脱下。不要同时穿两双袜子，也不能把健美裤、九分裤当成袜子穿。

（2）饰品的选择。

① **根据服装颜色搭配饰品**　选择饰品时，需要注意和服装色彩的搭配。冷色系的服装应该搭配冷色系的饰品，如铂金或银饰等，而暖色系的服装则可以用金色或较鲜艳的 K 金及珍珠作为饰品。

② **根据服装款式搭配饰品**　在搭配职业装时，需要选择简练、大方的饰品。如果选择的服装是偏休闲风格的，就可以选择搭配一些比较

■ 学习笔记 ■

有艺术造型的饰品，以更好地彰显你的个性。

③ **根据不同场合搭配饰品**　如果你想在职场上表现出自己的与众不同，可以选择款式简约而大气的饰品，来突出你的干练气质，同时还可以很好地展现出你的优雅气质。

④ **根据不同季节搭配饰品**　虽然饰品给人美感，但是佩戴饰品也要根据四季的不同而有所不同。

⑤ **根据体型搭配饰品**　佩戴饰品也要考虑自己的体型，根据自己的体型选择合适的饰品才能更好地达到装饰的效果，否则就会让人感觉不协调，从而影响自己原有的形象。

⑥ **根据年龄搭配饰品**　佩戴饰品也要遵循与年龄相吻合的原则。年轻的女士不适合佩戴贵重饰品，但很适合佩戴精致的工艺品。而年纪大些的职场女性则应该佩戴一些较为贵重的饰品，从而彰显庄重、高雅的气质。

⑦ **饰品佩戴应当遵循简洁原则**　饰品虽然能美化人，但并不是佩戴得越多越好，在职场中佩戴饰品一定要简而精，否则就会使佩戴者看上去比较庸俗。

2. 自信大方的自我介绍

1）自我介绍的具体形式

① **应酬式**　适用于某些公共场合和一般性的社交场合，这种自我介绍最为简洁，往往只包括姓名一项即可，如：

"你好，我叫××。"

"你好，我是××。"

② **工作式**　适用于工作场合，介绍内容包括本人姓名、供职单位及其部门、职务或从事的具体工作等，如：

"你好，我叫××，是泰达饭店的客房部经理。"

"我叫××，是金洪恩电脑公司的销售经理。"

③ **交流式**　适用于社交活动中，希望与交往对象进一步交流与沟通。介绍内容包括介绍者的姓名、工作、籍贯、学历、兴趣及与交往对象的某些熟人的关系，如：

"你好，我叫××，在××工作。我是××的同学，都是××人。"

④ **礼仪式**　适用于讲座、报告、演出、庆典、仪式等一些正规而隆重的场合。介绍内容包括姓名、单位、职务等，同时还应加入一些适

学习笔记

当的谦辞、敬辞，如：

"各位来宾，大家好！我叫××，是××学校的学生。我代表学校全体学生欢迎大家光临我校，希望大家……"

⑤ **问答式**　适用于应试、应聘和公务交往。问答式的自我介绍，应该是有问必答，问什么就答什么，如：

"先生您好！请问您怎么称呼？（请问您贵姓？）"

"先生您好！我叫张强。"

2）自我介绍的内容

① 基本信息。

② 学习情况、工作情况。

③ 特长、爱好。

④ 目标、愿望。

3）自我介绍的基本程序

先向对方点头致意问好，得到回应后再向对方介绍自己的姓名、身份和单位，同时递上事先准备好的名片。一般以半分钟为宜。

4）自我介绍的注意事项

① 根据目的确定自我介绍的方式，自我介绍宜简短（应聘除外）。

② 充满自信，落落大方，笑容可掬，态度诚恳，自然、亲切、友好、随和。要敢于正视对方的双眼，胸有成竹。

③ 实事求是，真实诚恳，富有特色，忌夸夸其谈。

④ 控制好时间，以半分钟为佳，如无特殊情况最好不要超过一分钟。

⑤ 有良好的态度，务必自然、友善、亲切、随和、大方。

3. 优雅大方的言谈举止

1）交谈

（1）交谈的基本原则。

① 真诚。

② 大方、适度。

③ 坦然、平等。

④ 委婉、谨慎。

⑤ 通俗易懂。

（2）交谈的基本要求。

① 态度要诚恳。

② 说话要实在。

③ 交谈要有技巧。

（3）交谈的几种技巧。

① **拒绝**　拒绝的时候要热情友好地说出"不"。不想直接拒绝别人时，可以将解决问题的另一种措施告诉对方，以解除自己的困境。或者可以通过诱导对方进行自我否定。

② **说服**　创造说服对方的条件，把握说服的时机，讲究说服的技巧。

③ **解释**　保持一颗诚挚的心，有理有据地抓住问题的关键，发现自己的不足之处，为他人利益着想。

④ **倾听**　不做面无表情的倾听者，带着同情心和同理心去聆听。

2）注视

（1）注视的态度。

当我们注视一个人的时候，我们的眼神所呈现的态度是非常重要的。我们的眼神应是集中的、亲切的、自然的、坦诚的，切记不要飘忽不定、左顾右盼、心不在焉。

（2）注视的角度。

通常，我们的眼神，也就是注视他人时的角度有三种：

① **平视他人**　即视线成水平状态。这种眼神，表示平等、亲近，适合用于与身份、地位平等的人沟通；

② **仰视他人**　即抬眼向上注视他人，表示尊重、敬畏，比较适用于面对尊长的时候，仰视有的时候也会让人产生服从、任人摆布的感觉；

③ **俯视他人**　即居高临下注视他人，可表示对晚辈的宽容、怜爱，也可对他人表示轻视、歧视。俯视容易给人一种傲慢的感觉。

所以，平视才是最正确的角度。

（3）注视的时间。

交谈时目光接触对方面部的时间宜占谈话时间的 30%~60%，目光注视时间太少，表示冷落、轻视或反感；时间过久地注视对方，特别对异性和初识者上下打量，是不礼貌的。

（4）注视的方位。

远观全身，中观轮廓，近观三角。三角有上三角、下三角、大三角之分，具体如下：

① 额头至双眼之间的区域——上三角，表示严肃、认真、公事公

办的社交关系；

　　② 双眼至下巴的区域——下三角，表示礼貌、舒适的亲密关系；

　　③ 双眼至胸部的区域——大三角，表示亲近、友善。

3）微笑

　　（1）微笑的作用。

　　① 表现心境良好。

　　② 表现充满自信。

　　③ 表现真诚友善。

　　④ 表现爱岗敬业。

　　（2）微笑的要素。

　　① 规范的微笑　嘴角微微上翘，伴随微笑要露 6~8 颗牙齿。

　　② 诚恳的微笑　虚假的笑容会一瞬间被人识破，所以我们的微笑应是真诚的、纯净的。

　　③ 完整的微笑　完整的微笑，应是眼笑、嘴笑、心笑。

　　（3）微笑的度数。

　　① "一度"微笑　嘴角上翘，嘴唇闭合，如图6-3中男士的笑容所示。一度微笑像春天里的太阳，让人感觉身心舒畅。

　　② "二度"微笑　嘴唇微张，嘴角上扬，如图6-3中女士的笑容所示。二度微笑要轻轻扬起自己的嘴角，让笑意荡漾在眼底，像冬日里的暖阳，给人无限的温暖。适用距离 3~5 m。

图6-3

　　③ "三度"微笑　眉开眼笑，一般以露出 6~8 颗牙齿为宜，如图 6-4 所示。三度微笑，笑起来像夏天似火的骄阳，分外的热情灿烂。适用距离为 3 m 之内。

学习笔记

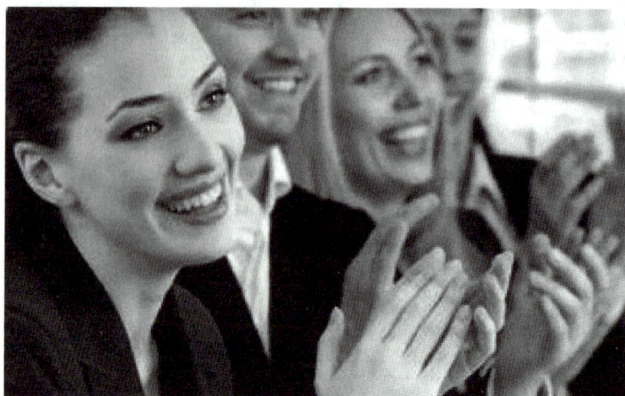

图6-4

4. 文明的习惯

1）站姿、坐姿

优美的站姿，如图 6-5 所示。

图6-5

端庄的坐姿，如图 6-6 所示。

图6-6

2）手势

手势不宜过多，动作幅度不宜过大，一定要自然、协调，还要注意手势的速度和高度，注意区域性差异。用手示意时不能用指头指，用手指示时不要掌心向下。

3）握手

（1）握手的方法。

握手的标准方式是行至距握手对象 1 m 处，双腿立正，上身略向前倾，伸出右手，手心垂直地面，四指并拢，拇指张开，与对方虎口相握，握手时用力要适度，不轻不重地握住对方的手，然后微微向下晃动三四次，随即松开手，恢复原状。如图 6-7 所示。

图6-7

（2）握手的顺序。

① 职位、身份高者与职位、身份低者握手，应由职位、身份高者先伸手。

② 女士与男士握手，应由女士先伸手。

③ 已婚者与未婚者握手，应由已婚者先伸手。

④ 年长者与年幼者握手，应由年长者先伸手。

⑤ 长辈与晚辈握手，应由长辈先伸手。

⑥ 迎客时主人应先伸手与到访的客人相握。

⑦ 客人告辞时，客人应先伸手与主人相握。

（3）握手的注意事项。

① 男士与女士握手，只握女士的手指部分或者轻轻地贴一下。

② 握手时间 1~3 s。

4）交换名片

（1）递名片的方法。

正确递送名片的方法：起立，微笑，双手，放适当高度，带点倾斜，自己的名字朝向对方，如图6-8所示。

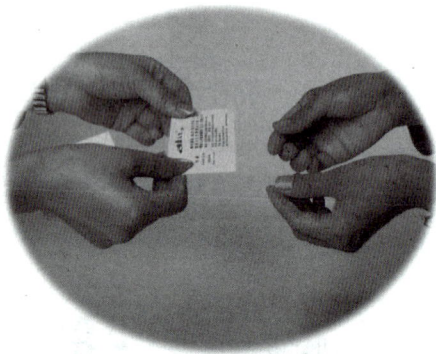

图6-8

（2）递名片的顺序。

① 客先主后。

② 身份低者先，身份高者后。

（3）递名片的注意事项。

① 坐着递名片很不礼貌。

② 单手递名片也不礼貌。

③ 名片上的名字不应该朝向自己。

（4）接名片。

① 起身迎接。

② 表示谢意。

③ 记住去看。

④ 回敬对方。

（5）放名片。

接名片后，不宜随手摆弄或随便置于桌上，不宜随便置于口袋或丢包里，应放入上装的内衣口袋或名片夹，以示尊重。

（6）索取名片。

① 向对方提议交换名片。

② 主动递上自己的名片，对于尊长，可询问对方："今后如何向您请教？"对于平辈，可询问："以后怎样与你联系？"

6.1.3 面试后离开的礼仪

面试结束后，应起身致谢。注意：

① 起身时不要带动座椅发出声响；

② 离开时主动询问是否需要帮助整理面试时留下的材料；

③ 离开前应礼貌道别；

④ 在关门离开时，不要发出巨大声响。

6.2 办公室礼仪

办公室既是办公场所，也是公共场合。工作人员在日常工作中必须遵守办公室的礼仪规范。就时间而言，办公室礼仪适用于一切上班时间；就地点而论，办公室礼仪则适用于一切办公地点。

6.2.1 办公室的关系礼仪

1. 上下级之间相处的礼仪

在任何一个单位，上级与下级的关系都是最基本的关系。这个基本关系处理得妥当与否，对一个职员的前途和发展至关重要。因此，讲究上下级之间的礼仪，对搞好上下级的关系是非常重要的。搞好上下级关系的礼仪技巧有以下几点。

1）相互尊重

作为单位的领导，一般具有较深的资历、较高的威望和能力，有很强的自尊心。作为下属，应当维护领导的威望和尊严，充分尊重领导。在领导面前，应态度谦虚，不能顶撞领导。特别是在公共场合，即使与领导的意见相左，也应在私下与领导说明。

上级要礼遇下属，尤其对比自己年长的下级，要尊敬有加，虚心请教。对下级提出的要求，应尽力设法帮助解决。如果确有困难，应说明情况。当请求下级协助时，应该用商量的口吻，切忌颐指气使，盛气凌人。

2）听从指挥

领导对下属有工作指导权，下属要忠诚于领导，支持领导。对领导在工作方面的安排必须服从，即便有意见或不同想法，也应执行，对领导指挥中的错误可事后提出意见，或者执行中提出建议。

3）摆正位置

这是搞好上下级关系的前提。作为下级，过于傲慢，则会把关系搞僵；过于自卑，则不能建立正常的关系；过于俗套，则易把关系弄成钱权关系；过于暧昧，易让人生厌。因此，对上级既热情又不过火，既大方相处又不缩手缩脚；既不有意"套近乎""溜须拍马"，也不自视清高，不把上级放在眼里。不卑不亢是最恰当的方法。

4）保持距离

在单位中，应与上级保持应有的距离，忌讳有意宣传与上级关系过分亲密的做法。不管自己与上司的私人关系如何，在工作中都要公私分明。对上级，你可以去了解他的性格、作风和习惯，但不可去探究领导的个人隐私；可以去了解领导的意图和主张，却不必事无巨细地去打探每个细节。

5）不求全责备

下级要理解上级，体恤上情。对上级的工作应多出主意，帮助领导干好工作。不要轻信传言，不要在同事之间随便议论领导或搬弄是非，更不能指责领导。当然，对个别品德很差、违法乱纪的领导，另当别论。

上级对下级要用人所长、容人所短，要体恤下情，多为下属考虑。

2. 同事之间相处的礼仪

步入职场，每一个人都要长时间地与同事相处，相处能否和谐、融洽，对工作是否可以轻松、愉快、顺利地完成有很大的影响。同事之间相处讲究礼仪，这对处理好相互间的关系显得尤为重要。同事之间相处的礼仪技巧主要有以下几点。

1）真诚合作

一件工作需要多方合作方能做好，同事间一定要同心协力，相互支持。属于自己的工作一定不要推卸责任；需要帮忙时，应与同事商量，切勿强求；对方需要帮助，则应尽力去做。要把同事关系建立在平等互助的基础上。

2）互相尊重

尊重同事，也包括尊重同事的工作。当同事工作出色时，应予以肯定和祝贺；当同事遇到不顺心的事情时，应予以同情和关心；协作时，应注意不要越俎代庖，以免误会，引起不快。

3）公平竞争

同事之间存在竞争是正常的。可以毛遂自荐，通过自身的努力超过别人。不可不择手段、弄虚作假，或贬低别人来抬高自己，或踩着别人的肩膀往上"爬"。

4）宽以待人

工作中，要勇挑重担，不要挑肥拣瘦。与同事合作取得成绩时，要多讲同事的功劳；出现失误时，要主动承担责任，不要揽功推过；和同事发生分歧和矛盾时，要及时地、开诚布公地交换意见，宽以待人，以诚心和真心对待同事。对同事要多看长处，多学习他人的长处。

3. 办公室异性之间相处的礼仪

现代职场，与异性同处一个办公室在所难免。但如果男、女同事之间的关系处理不当，不仅会给本人和对方带来麻烦，还会给单位造成一定的影响。因此，办公室异性交往需要把握好尺度。

1）保持适当的空间距离

根据美国心理学家霍尔的研究，人与人之间存在一定的距离，如果男、女间相距 46 cm 以内，就会被视为关系非常密切；50~60 cm 的私人空间距离，相当于自我活动的小天地；60 cm 以外才是与人交往的正常距离。鉴于此，男、女同事之间的距离应控制在 60 cm 以外，以不感受到对方呼吸的快慢、皮肤肌理及颜色的细微变化为标准。

学习笔记

2）交往不超出友谊范畴

办公室里异性之间的关系首先是同事关系。如果是要好的同事，可以多些交流，但最好不要把自己的私生活带入办公室。再好的同事，情感也应当到"友谊"为止，只应当在工作上更好地配合，多给对方提出良好的建议。因此，要注意把握自己和异性同事交往的分寸，对异性同事不宜过多倾诉，不可让其冲破理智的"大堤"。

3）谈话不超出工作范畴

在办公室，男女同事之间的话题应该是工作，工作以外的话题最好少涉及，尤其不宜让对方帮助自己了断生活上的一些私事。在办公室，异性同事要注意交谈的分寸。男人不爱听唠声，女人不爱听脏话，因此，男性要收起满口脏话，这是对女性的尊重；女性要收起唠声，这是对自己的尊重。办公室男、女之间开开玩笑，只要无伤大雅，不伤自尊，不必放在心上。但玩笑应适可而止，不文明的玩笑是不允许在办公室开的，尤其是有女同事在场时，这是对她们的侵犯。

6.2.2 办公室的装束礼仪

1. 办公室的着装礼仪

办公室着装方面的基本要求为庄重、保守。办公室既是工作场所，也是公共场合，宜穿套装、套裙及制服。还可以考虑选择长裤、长裙、长袖衫。切忌暴露过多，或衣着不整、品位低俗。在非常重要的场合，短袖衫不适宜作为正装；无领无袖的衣服、衬衫、牛仔装则与办公室的严肃气氛不协调，穿拖鞋和赤脚穿凉鞋更是没有礼貌的表现。

办公室的着装要注意以下几方面的禁忌：

① **过分杂乱** 不按照正式场合的规范化要求着装，会给人留下不良的印象。例如，有制服不穿制服，穿制服不像制服，领带拉开一半，衬衫下摆及保暖内衣露在外面，歪戴帽子斜穿衣，等等。

② **过分鲜艳** 在正式场合，着装色彩不宜过分繁杂、耀眼。

③ **过于暴露** 在正式的商务场合，通常不能穿无袖装、小背心、吊带裙、太阳装、露背装等。

④ **过于透视** 着装过于透视，有失对别人的尊重。

⑤ **过分短小** 在办公室，不可以穿短裙、超短裙等过分短小的衣服。

2. 办公室的个人仪容礼仪

办公室工作人员的仪容应以所在群体为标准，结合职业特点，以端庄、稳重、干净、整洁为基本原则。办公室的个人仪容最基本的要求是卫生、洁净。

1）保持个人仪容整洁

勤洗理是一个人干净的基础。要做到身体干净清爽，就要养成坚持不懈、勤于洗理的好习惯。要定时清洁面容、保持口腔卫生、勤修指甲。勤洗理能使人仪容常新，光彩照人，活力大增。

2）认真修饰自己的仪容

① **面部修饰**　仪容中最重要的部位是面部。女士要适当进行面部化妆，恰到好处的化妆能使人容光焕发、神采奕奕，但尽量不要显露修饰痕迹。化妆应以自己面部的客观条件为基础，适当强化和美化，不可以失真。化妆还应与服饰相协调。男士不要油头粉面、蓄留胡须。

② **发型修饰**　办公室人员的发型风格以简洁、明快、大方、朴素为佳，头发干净整齐，要表现出端庄、优雅的气质；也可以做得稍微突破一点，但不能怪异和过于前卫。

3. 办公室公共区域的礼仪

1）办公室用餐的礼仪

在办公室工作的员工，为方便起见，会经常在办公室用餐。在办公室用餐，需注意一些细节，以维护自己在同事中的形象。

① **及时清理餐具**　用完餐后，应及时把餐具清洗干净；如使用一次性餐具，应在用完餐后及时清理干净，不宜长时间摆在桌上或茶几上。

② **开口的饮料罐应尽快扔掉**　长时间将开口的饮料罐摆在桌上，有损办公室雅观。如果不想马上扔掉，或者想等会儿再喝，则应该把它摆在不被人注意的地方。

③ 不吃容易乱溅及吃时发出很大响声的食物，以免影响他人。

④ 随时捡起、收集掉在地上的食物，餐后将桌面和地板打扫干净。

⑤ 尽量不带气味强烈的食品到办公室。即使你喜欢，也会有人不习惯。

⑥ 在办公室吃饭的时间不宜过长。

2）上下楼梯的礼仪

一般上下楼梯时，应遵循"单行右行"的规则，以免阻挡他人。若为他人带路，应走在前头；与尊长、女士同行，若楼梯过陡，下楼时，

应主动走在前面，上楼时应主动走在后面。不要站在楼梯上或楼梯拐角处久谈。上下楼梯既要注意安全，又要注意与身前、身后的人保持距离，以防碰撞。

3）进出电梯的礼仪

陪同他人乘坐电梯时，若无人操作，陪同者应先进后出，以便操纵电梯；若有人操作，陪同者应后进先出。等候电梯时，应面向电梯，右侧等候，留出左边给从电梯里出来的人，以不妨碍电梯内的人出来为宜。进电梯时应等电梯里的乘客走出之后再按先后顺序走进电梯。在自己的目的地楼层快到时，应尽早地等候在电梯门旁，不应等电梯门打开后，才匆匆忙忙出来；陪同客人或尊长者时，则亲手操作电梯按钮，请客人或尊长者先走出电梯。

4）使用公共设施的礼仪

单位里的一切公共设施都是为了方便工作。使用公共设施时，要有公共观念，要注意爱惜，要杜绝野蛮对待、挪为私用的行为。

（1）使用电话。

不要用单位电话打私人的电话，尤其是长途电话。不要在办公室里打电话聊天，以免影响他人工作。

（2）使用计算机。

要正确使用计算机，如果不会使用，可以请别人帮忙，但不要自行拆装，以免损坏计算机。要注意保养计算机，每次使用之前，若有时间，可进行计算机杀毒，使大家都有一个安全的使用环境。要注意文件的保密，不要偷看别人的资料。不要占用他人的存储空间。工作期间不要在计算机上玩游戏，或做私人的事情。

（3）使用复印机。

① 复印机是单位里使用频率较高的办公设备，容易与同事在使用时间上发生冲突。要遵循先来后到的原则，但是如果后来的人复印的数量比较少，可让其先印。

② 不要复印私人的资料。

③ 如果碰到需要更换碳粉或处理卡纸等问题，不知道如何处理时可以请别人来帮忙，但不要悄悄走掉，把问题留给下一个同事。

④ 使用完毕后，不要忘记将原件拿走，否则容易丢失原件，或走漏信息，给你自己带来不便。使用完毕后，要将复印机设定在节能待机状态。

学习笔记

5）办公室物品布置的礼仪

为保证办公环境的整洁和舒适，办公室的布置有一定的规定和要求。

（1）空间布置的基本要求。

① 办公用品、花木、桌面文件资料、名片等要摆放整齐。

② 字画、牌匾、图表等的悬挂应得体美观。

③ 文件资料柜要贴墙摆放。

④ 物品摆放部位要顺手、方便，有利于提高工作效率。

⑤ 室内不得摆放与办公无关的杂物、私人用品等。

⑥ 整个摆设外观上要做到整齐、美观、舒适、大方，要充分体现合理、规范、方便、文明的要求。

（2）办公桌面物品摆放的基本规范。

办公桌面物品摆放规范是：中上侧摆放电话、台历或水杯等；右侧摆放文件筐（盒）、等待处理的管理资料；中下侧摆放需马上处理的业务资料；左侧摆放有关业务资料。

文件资料的摆放要合理、整齐，各类资料最好编号摆放在相对固定的位置。工作椅最好能活动，以便人离开办公室时可推入桌下，这样可以节省空间。

■ 学习笔记 ■